《岭南文化书系》编委会名单

岭南文化书系

广府文化丛书

沙湾飘色

王开桃　宋俊华　编著

暨南大学出版社
JINAN UNIVERSITY PRESS

中国·广州

图书在版编目（CIP）数据

沙湾飘色/王开桃，宋俊华编著. —广州：暨南大学出版社，2011.10
（岭南文化书系·广府文化丛书）
ISBN 978-7-81135-993-0

Ⅰ.①沙… Ⅱ.①王… ②宋… Ⅲ.①风俗习惯—介绍—番禺市
Ⅳ.①K892.465.3

中国版本图书馆 CIP 数据核字(2011)第 192418 号

出版发行：暨南大学出版社

出 版 人：徐义雄
责任编辑：黄 倩 李素娟
责任校对：黄 颖

地 址：中国广州暨南大学
电 话：总编室（8620）85221601
营销部（8620）85225284 85228291 85228292（邮购）
传 真：（8620）85221583（办公室） 85223774（营销部）
邮 编：510630
网 址：http://www.jnupress.com http://press.jnu.edu.cn

排 版：广州市天河星辰文化发展部照排中心
印 刷：深圳市新联美术印刷有限公司

开 本：787mm×1092mm 1/16
印 张：9.5
字 数：150 千
版 次：2011 年 10 月第 1 版
印 次：2011 年 10 月第 1 次

定 价：40.00 元

岭南文化书系·前言

五岭以南，素称岭南，岭南文化即岭南地区的人民千百年来形成的具有鲜明特色和绵长传统的地域文化，是中华文化的重要组成部分。由于偏处一隅，岭南文化在秦汉以前基本上处于自我发展的阶段，秦汉以后与中原文化的交流日益频繁。明清以至近代，域外文化不断传入，西学东渐，岭南已经成为传播和弘扬东西方文明的开路先锋，涌现出了如陈白沙、梁廷枏、黄遵宪、康有为、梁启超、孙中山等一大批时代的佼佼者。在20世纪70年代末开始的改革开放的浪潮中，岭南再一次成为试验田和桥头堡，在全国独领风骚。

在漫长的发展过程中，岭南文化形成了兼容、务实、开放、创新等诸多特征，为古老的中华文化的丰富和重构提供了多样态的个性元素和充沛的生命能量。就地域而言，岭南文化大体分为广东文化、桂系文化、海南文化三大板块，而以属于广东文化的广府文化、潮汕文化、客家文化为核心和主体。为了响应广东省委、省政府建设文化大省的号召，总结岭南文化的优良传统，促进岭南文化研究和传播的繁荣，在广东省委宣传部的指导和大力支持下，暨南大学出版社组织省内高等院校和科研机构的专家学者编写了这套《岭南文化书系》，该书系由《广府文化丛书》、《潮汕文化丛书》及《客家文化丛书》三大丛书共30种读本组成，历史胜迹、民居建筑、地方先贤、方言词曲、工艺美术、饮食风尚无所不有，试图从地域分类的角度完整展现岭南文化的风貌和精髓。在编写过程中，我们力图做到阐述对象的个性与共性相统一，学术性与通俗性相结合，图文并茂，雅俗共赏。我们希望这30种图书能够成为介绍和宣传岭南文化的名片，为岭南经济和文化建设的再次腾飞提供可资借鉴的精神资源。

需要说明的是，本书系曾获批为2009年度“广东省文化产业发展专项资金”资助项目，在项目申报和丛书编写过程中，广东省委宣传部的领导多次给予指导，并提出了许多宝贵的意见；中山大学、华南理工大学、华南师范大学、广州大学、韩山师范学院、佛山科学技术学院、韶关学院、嘉应学院以及暨南大学的有关领导和专家学者也给予了大力支持和帮助，在此我们一并致以诚挚的谢意！

《岭南文化书系》编委会

2011年6月18日

前　言

从2001年联合国教科文组织公布第一批人类口头与非物质遗产代表作名录起，非物质文化遗产保护运动已经持续10年了，“非物质文化遗产”这个对中国人而言陌生而拗口的词语也已被普遍接受了，但如何让大家通过身边的非物质文化遗产个案来深入理解它的内涵和价值，则是一个长期而艰巨的任务。

沙湾镇位于广州市番禺区，是一个有着800多年历史的古镇。镇内有着丰富的文化遗产，文化生态保持完好，属于典型的广府文化区镇。沙湾飘色正是流行于这一地区，在神诞日、节日或重大庆典日，由幼儿在离地几米的空中装扮各色历史人物或戏曲、小说和传说中的人物，沿大街小巷、田间地头或道观庙宇进行的巡游活动。据相关文献记载，最迟在明末清初沙湾就已有了飘色，后经不断演化发展才成为今天的样子。

传统的沙湾飘色巡游在每年农历三月初三“北帝诞”举行，与祭祀北帝有密切关系。北帝全称“北方真武玄天上帝”，虽是北方神灵，但同时又是水神，加上明代北帝像来沙湾的传说，更加强化了身处水乡的沙湾人把北帝视为地方护佑神的认知，所以在“北帝诞”日举行包括飘色巡游的大型庆典祭祀北帝，自然成为沙湾人自觉的一个文化传统。

与中国其他地方飘色一样，沙湾飘色也与本土文化有着千丝万缕的联系，是沙湾本土文化土壤中培育出来的文化奇葩。沙湾飘色从制作、装扮到巡游表演的整个过程都体现了沙湾飘色对粤剧、广东音乐、广绣、八音锣鼓、醒狮舞、鳌鱼舞等广府民间文化艺术的吸收和融合。沙湾飘色底蕴丰富、构思巧妙、造型独特、技艺精湛、装扮精致、色彩艳丽，是内涵丰富的民俗诉求与美轮美奂的艺术创作的天然融合，正因为此，2000年，沙湾镇被文化部命名为中国民间（飘色）艺术之乡。

对于这样的沙湾飘色，我们该怎样去认识？本书用14个部分，从沙湾飘色的经济基础、文化背景、起源与发展、结构组成、板色内容、表演形式、艺术特色、对广府文化及姐妹艺术的吸收与渗透以及沙湾飘色艺术的传承与保护、改革与创新、宣传与交流、时机与危机等方面作了系统的阐述，以期让大家对沙湾飘色有一个完整的认识，并通过它来了解独具特色的广府文化。

非物质文化遗产是一个地区、一个民族的文化记忆和基因，是一个地区和一个民族文化认同的基础。沙湾飘色作为一种非物质文化遗产，不仅是沙湾人的文化，也是广府人的文化。认识它、保护它，不仅是沙湾人的责任，也是所有广府人的责任。

目　录

一、飘荡的美色

——沙湾飘色概述

所谓“色”，就是古代在各种酬神赛会巡游中装扮成历史故事或民间传说中人物的演员。色的载体是什么，便叫什么“色”，如在马匹上装扮的叫“马色”，在水上装扮的叫“水色”，而“飘”在空中的便叫“飘色”。

飘色融合了戏剧、音乐、舞蹈、化妆、服饰、刺绣、杂技、魔术、雕塑、绑扎和工艺美术等多种民间艺术，在各地有不同的名称，如“跷色”（广州番禺员岗村），“高景”（广东汕尾市陆河县），“抬阁”（陕西、山西、河南、青海、山东、河北、浙江、江西、福建、贵州等地），“社火”（陕西、山西等地），“芯子”（陕西），“铁芯子”（甘肃），“脑阁”（内蒙古），“背阁”（辽宁、河北等），“肘阁”（安徽），“彩擎”（江西），“高台”（云南），“高抬戏”（四川），“彩架”（广西）和“扎故事”（湖南）等。

沙湾飘色《赵云救主》

（本书中所有飘色图片均由沙湾镇文化站提供或由其所供原图剪辑而成）

各地的飘色虽然名称不同，但其表演的时间、场合、形式、内容与特点却基本相同：常于神诞日、节日或重大庆典日举行；常在大街

小巷、田间地头或道观庙宇巡游；巡游过程中常伴有各种音乐、舞蹈、杂耍等民间艺术的表演；演员均为幼儿，且装扮成古今各色人物，演绎相关故事；故事通常取材于传统戏曲、民间故事、神话传说或现实生活；演员在离地几米的高空中表演，给人以高、险、奇、美的感觉。

广东的飘色分布很广，主要有：广州市番禺区的沙湾飘色、员岗跷色和潭山飘色，中山市的黄圃飘色和南朗崖口飘色，珠海市的乾务飘色，江门市的浮石飘色，茂名市的镇隆飘色，湛江市的吴川飘色、遂溪飘色和南三飘色，云浮市的连滩飘色，韶关市的翁源飘色，汕尾市的和田高景，等等。

沙湾飘色以其悠久的历史、丰富的板色、艳丽的色彩以及高超的技艺早已成为广东飘色的代表。沙湾镇也于2000年被文化部命名为“中国民间（飘色）艺术之乡”。

关于沙湾飘色的起源，按照起源时间的先后，主要有三种说法：一是起源于明朝永乐年间兴起的“北帝诞”习俗；二是于清初由员岗传入；三是起源于清末咸丰年间的“以色代戏”。

沙湾飘色的发展可分为四个时期：一是传入与形成时期。自明末清初从员岗传入沙湾后发展至道光年间，共经历了200多年。这个时期飘色的人物造型还比较简单。二是鼎盛期。清末咸丰年间，粤剧名伶李文茂率众响应太平天国革命起义失败后，清廷迁怒于广东梨园，遂解散粤剧班，禁演粤剧，并焚毁佛山琼花会馆。少数艺人搭串于外江班，大多数艺人则散居各地谋生。回到沙湾的粤剧艺人将粤剧表演与“北帝诞”期间的北帝巡游及游必演戏的习俗结合起来，将小孩装扮成戏曲中的人物抬着在各村游行，看似演戏但又不唱戏（俗称“以色代戏”），深受当地民众的喜爱。沙湾飘色出色的规模由此越来越大，每次游行，动辄十几二十几板，最多时据说有50多板。板色名目繁多，人物各不相同，场面蔚为壮观。这一时期便成为沙湾飘色的鼎盛时期。三是停滞期。军阀混战、抗日战争时期，沙湾飘色因时局动荡、物资缺乏而一度停演。抗战胜利及新中国成立后，沙湾飘色曾出色庆祝，但很快又因政治原因而被迫停演，几近绝迹。四是复兴期。改革开放后，民间文化遗产的保护渐受重视，在政府相关部门和当地老一辈艺人的共同努力下，沙湾飘色终于又在沙湾慢慢“飘”了起来，并逐渐走出沙湾。特别是进入21世纪后，沙湾飘色与时俱进，在板色内容、色柜形式、色梗制作及人物造型等方面都进行了大胆的改革和创新，每次出色都有新的板色或新的造型。该时期沙湾飘色得到了全面的复兴。

沙湾飘色由色柜、“屏”、“飘”和色梗4个部分组成，由色梗将色柜和“屏”、“飘”巧妙地连接起来共同构成一板完整的飘色，塑造一组人物或情景的造型，表现某一故事片断或情境，呈现出“以屏带飘”“柜屏飘相连”的结构特点。

传统的沙湾飘色共有200多个板色，现今已挖掘整理出来的有近百个，其中仍在经常表演的有40多个。这些板色的题材大部分取自古典戏曲、小说，如《昭君出塞》《游龙戏凤》《鱼仙得道》《月满良宵》《千里传书》《珍珠彩塔》《哪吒伏魔》《赵云救主》《桂英招亲》《三取珠旗》等；也有部分取自民间传说及神话故事，如《独占鳌头》《三田和合》《三仙大会》《仙女散花》《云龙戏水》《净洒人间》《嫦娥奔月》等；更有取自现代社会重大事件或沙湾本土风情的，如《奥运之光》《脚踏刀梯》《赛龙夺锦》《雨打芭蕉》《古镇琴音》《韵绕青萝》《古镇神韵》等。沙湾飘色通过各种板色题材，表现了人们惩恶扬善、除暴安良、济贫扶弱的思想和祈求风调雨顺、吉祥如意、平安团圆的美好愿望。

传统的沙湾飘色活动在每年农历三月初三“北帝诞”举行，由乡中各坊里轮流组织，每次出色二十至三十板，以八音锣鼓伴奏，在大街小巷或道观庙宇巡游。巡游队伍通常连绵两三千米，犹如一条见首不见尾的长龙。巡游过程中还穿插着音乐、舞蹈、杂耍等民间艺术表演，整个过程声势浩大。

沙湾飘色色彩艳丽，技艺精湛。特别是演员所穿的戏曲服装十分漂亮，道具的色彩鲜艳夺目，色梗造型的设计巧妙，演员坐兜也设计得很隐蔽。

沙湾飘色不是一种孤立、单一的艺术，而是一种融戏剧、音乐、舞蹈、化妆、服饰、刺绣、杂技、魔术、雕塑、绑扎和工艺美术等于一体的民间艺术。沙湾飘色从制作、装扮到巡游表演的整个过程都体现了沙湾飘色对粤剧、广东音乐、广绣、八音锣鼓、醒狮舞、鳌鱼舞等广府民间文化艺术的吸收和融合。同时，沙湾飘色又对广东其他地区的飘色（如中山的黄圃飘色和湛江的吴川飘色等）及番禺水色等姐

妹艺术产生了积极的影响，使飘色与飘色之间、飘色与水色之间互相借鉴、互相融合。

沙湾飘色非常重视传承与革新。沙湾飘色一方面继承传统飘色的形式和内容，另一方面又与时俱进，在题材内容、人物造型、制作技术等方面进行大胆的改革和创新：在题材内容方面不仅不断去粗取精，挖掘有价值的传统题材，而且不断根据时代与社会的变化，创作与百姓生活贴近的新板色，如《独占鳌头》《奥运之光》《赛龙夺锦》《雨打芭蕉》《嫦娥思乡》《锦上添花》《青云直上》《五连冠》《银球传友谊》《囊括七雄》《为国争光》等；在人物造型方面除了保持传统的“一屏一飘”的基本模式外，还逐渐尝试“一屏多飘”甚至“多屏多飘”的新模式，如《三田和合》《珍珠宝塔》的“一屏二飘”，《古镇神韵》的“一屏多飘”及《赛龙夺锦》的“多屏多飘”；在制作技术方面主要是通过发达的现代科技对传统的色梗和色柜制作技术进行改造，或者使色梗更加纤细精巧，易于装置，效果更加逼真，或者改革色柜的形制，将传统的肩扛手抬的小色柜改为可以推动的大平台，使其承重能力大大增加，从而可以加大“屏”和“飘”的年龄，增加每板飘色中“屏”和“飘”的数量，以及整个飘色的高度和难度，从而使飘色达到更加飘逸、传神、震撼的艺术效果。

沙湾飘色非常重视宣传与交流。改革开放以来，沙湾飘色不仅积极创造机会参与各种大型活动，还经常“飘”出沙湾到各地（如香港及广东省内的广州、佛山、中山、开平和吴川等地）交流，或将各地的飘色请到沙湾来演出。据《番禺改革开放30年大事记》记载，沙湾的有关单位共组织、承办及参与了30多次大型的飘色活动。其中，1983年春节和1986年中秋节在广州的两场演出，都表演了26板飘色，给广州人民留下了深刻的印象。特别是2008年10月，沙湾成功承办了第七届中国民间艺术节暨“山花奖”中国民间飘色（抬阁）艺术展演与评奖活动，请来了安徽、福建、广西、江西、湖南、河南、浙江、山东、陕西、山西、四川、云南、内蒙古、青海和甘肃等省（自治区）的16支飘色队伍及广东省内台山、吴川、遂溪、云浮、中山、茂名和韶关等地的9支飘色队伍。沙湾及各地共28支队伍的51板飘色同台献技，共同为观众献上了一席飘色艺术的盛宴，让当地民众大饱眼福，大开眼界。沙湾参赛的《赛龙夺锦》和《古镇神韵》两板飘色均获金奖及“山花奖”优秀入围作品奖。沙湾飘色抓住各种机会发展壮大，开创了在新世纪全面复兴的大好局面。

然而，表面繁荣的沙湾飘色也隐藏着种种危机，飘色的传承效果不容乐观。在古代，沙湾的飘色艺人凭此技艺谋生，因怕被外人学了技艺抢了饭碗，故绝大多数的飘色传承方式都是父传子承，传里不传外，技术（特别是色梗的制作）保密甚严。如今，随着科学技术的发展，一些过去看似神秘的技艺已不再神秘，复杂的技术也变得简单了，特别是艺人们的生存条件得以改善，生活水平大大提高，飘色表演已不再是他们谋生的唯一手段，因而飘色艺人也不再刻意对飘色技艺保密了。但是，也正因为人们的就业条件得以改善，生活水平大大提高，加上受现代思潮的影响，年青一代对飘色的传承兴趣不大，甚至毫无兴趣，即使有师傅愿意教，也很难找到愿意学的徒弟。加上各种人力资源的缺乏（沙湾飘色规模大，一场演出动辄需要几百甚至上千人）与各种技术资源的缺乏（掌握唢呐、广绣、色梗制作等与飘色表演相关的传统技艺的人越来越少），以及演出成本的高昂（物资、技术投入和人工等）等因素，如果没有政府的扶持和各界的赞助，飘色表演必将入不敷出，难以维持。沙湾飘色技艺与其他很多传统技艺一样，正面临着青黄不接甚至后继无人的尴尬与危机。

二、富饶水乡

——沙湾飘色产生的经济基础

飘色的设计、制作和表演需要大量人力、物力、财力和科技的支持，如果没有坚强的经济基础作后盾，飘色将难以产生，即使产生也难以为继。

那么，沙湾飘色的诞生地——沙湾是一个什么样的地方呢？

沙湾镇位于珠江三角洲的中部，始建于宋，是一个有着800多年历史的古镇，原名本善乡，因地处古海湾半月形的沙滩之畔，故更名“沙湾”。

美丽的海湾、宽阔的珠江、便利的交通、温和的气候、充沛的雨水、肥沃的田土、肥美的鱼虾、名贵的兰花、茂盛的甘蔗林、常绿的青萝障，这一切使沙湾成为“有田可耕，有地可牧，有山可樵，有水可渔”的富饶水乡。

“沙湾何”和“三街六市”等传说足以见证沙湾经济的富庶。

（一）“沙湾何”

从南宋开始，何、韩、陈、王、李、黎等姓氏的先祖陆续迁入沙湾购田置地，繁衍生息，沙湾从此富甲一方，远近闻名。其中，尤以何姓最为有名，被称为“沙湾何”。

相传沙湾何族始祖何人鉴（字德明，号象贤）是南宋人，曾是当时广东著名的探花李昴英（字俊明，号文溪，谥忠简）的师爷。当时，何人鉴住在广州城内清水濠，李昴英住在广州城内文溪里，两人关系很好，来往十分密切。据说何人鉴丧妻后十分苦闷，李昴英便让何人鉴在他府第中近百名侍婢内任选一个侍婢为妻。何人鉴选中了一个肚皮上有朱砂痣的婢女（据相书说腹部有朱砂痣的女子能旺夫益子），这个婢女就是后来的沙湾何门叶氏太婆。叶氏嫁给何人鉴后，果真为何人鉴接连生了四个男孩。

后来，李昴英见何人鉴家人丁兴旺，又帮助他在沙湾买田置产，向官府买下沙湾以南的沙田三百顷，为何氏家族奠定了良好的经济基础。

南宋绍定六年（1233 年），何人鉴由广州迁移到沙湾定居，从此在这里开创基业。由于此地是冲积层，不断聚沙成田，加上何氏后辈也因发达而不断买田置产，因此何氏族田的面积不断扩展。到明朝嘉靖年间，沙湾何氏家族之沙田已多到需要编号为记（按陈白沙先生赠予留耕堂之十四字对联“阴德远从宗祖种，心田留与子孙耕”为号）。据说何氏家族最盛时有沙田 56 000 余亩，成为番禺之冠。而这些沙田都很肥沃，且有蚝生其中，因此，田产越多，收入越丰。“沙湾何”从此以富闻名。

而何人鉴所生的四个儿子也都很有出息：长子何起龙，是南宋淳祐十年（1250 年）进士，官至太常寺正卿；次子何斗龙，南宋宝祐六年（1258 年）特科省元；三子何跃龙，官至从事郎；四子何翊龙，由明经官至文林郎。据说他们的子孙也出任过州县的学正、主簿、教授一类职务。尤其是到何氏第五代何子海，先在元朝至正年间中举人，后登明朝洪武四年（1371 年）进士，使沙湾何氏在地方上的声誉越来越响。

后来，何人鉴四个儿子的后代分别繁衍为甲、乙、丙、丁四房。随着世代的繁衍，这个家族的规模也不断扩张，形成了分别以（甲房）六世和（乙房和丁房）九世为中心的十四房的宗族系统。

为了纪念和供奉先祖何人鉴，同时也为了团结族人，壮大家族势力，何氏后人于南宋德祐元年（1275 年）修建留耕堂。留耕堂田亩收入均属“公尝”，所有田产全为族内子孙承耕。初期，族人每承耕一亩田地需向留耕堂缴实物地租稻谷 60 斤，后来增至 100 斤。

留耕堂一方面收取“公尝”，另一方面又用这些“公尝”给族人发放各种“福利”，可谓收之于族人用之于族人。其中有三项制度即使放在今天也很先进，那就是分荫、奖学和养老。

“分荫”就是指分得何氏家族一份“福荫”。凡何氏家族中，每有

男孩出生，即需向值理报生，注入簿中，即谓之“丁”。添丁人家于每年正月十五到留耕堂及小宗祠等挂花，标名某某得子名某某，使全族人知晓，谓之“开灯”。开灯后，每一新丁即可在留耕堂分得一“荫”（相当于7亩田租之值）；再加上各种小宗祠、会份等收入，何氏家族中的男丁，每年各项开支全部由家族解决，毫无生活之忧。如节俭者，尚能有余。因此当地流传有“沙湾何，有仔唔忧无老婆”的说法，就是说只要是沙湾何氏家族的人，生了儿子不用担心他娶不到老婆，可见“沙湾何”的富有程度。

“奖学”就是奖励读书之人。何氏家族的男丁凡到入学年龄，可免费在族办小学读书；升中学者，可免费到广州禺山中学及八桂中学读书（抗战后可免费入象贤中学读书）；升大学者，可免费入住广州何氏之六大书院（如“文屋”“青萝”等）。其中，中学毕业者，可得“荫”2份（相当于14亩田租之值）；大学毕业者，可得“荫”4份（相当于28亩田租之值）；留学外国者，可得“荫”8份（相当于56亩田租之值）。正是因为留耕堂有这种奖励读书的办法，所以何氏家族中文化名人辈出。

“养老”就是由留耕堂统一给族中老人分“荫”钱，使之老有所养。族中凡年满60岁者，可分得“荫”钱2份，70岁者得3份，80岁者得4份，年纪越大，所得的“荫”钱越多。此外，族中每10年举办一次十分隆重的“饮锦”大宴。是年，族丁中凡年满60岁者，均可带全家到留耕堂入席，并受特赏。席中最老者谓之“寿头”，所得奖赏更多。

除此三项福利制度外，何族中某一男丁去世，即可向留耕堂领取名为“寿帛金”的丧葬费。

总之，“沙湾何”仅靠家族的力量，就可以使族人生有所养、长有所教、老有所赡、死有所恤，足见其家族之富。

直到今天，为族人谋福利的优良传统仍在沙湾继续传承。从沙湾镇政府网站的介绍，我们了解到，沙湾的福利制度非常好。例如，沙湾东村为全村股民（男满44周岁，女满39周岁）购买“农转居”养老保险，参保人员达到100%，每年的福利支出超过100万元。同时，每年都为全体股民购买新型农村合作医疗保险，并且每季度都定时向60周岁以上的老人派发老人“生果金”。另外，对本村参加高考被大学正式录取的村民子弟给予奖励，本科奖励3 000元，大专奖励1 000元。又如，沙湾北村每月为60岁及以上老人发放“生果金”100元，并且每年举办敬老活动，发放慰问金及礼品。从2007年底起，沙湾北村为年满40岁的村民购买农村养老保险，每年由村集体出资参加新型农村合作医疗保险。

（二）“三街六市”

沙湾古镇经济繁荣，有“三街六市”的美誉。其中，“三街”是指车陂街、元善街和新街，“六市”是指安宁市、云桥市、永安市、第一里市、萝山市和三槐市。“三街六市”中，尤以车陂街和安宁市最为有名。

1. 车陂街

车陂街位列“三街”之首，是沙湾古镇的商业中心，其原名并不叫“车陂街”，而是叫“斜坡街”（因为建在一个叫“猪腰冈”的斜坡上，故名），后因这里通了车马，才改为“车陂街”（“陂”与“坡”同义）。民国时期曾改叫“车碧街”，新中国成立后重新改为“车陂街”。

车陂街也是明清岭南建筑群的典型代表。街道建筑呈东西走向，路面以麻石铺成，民居、祠堂多为砖墙坡顶的砖木结构。具有良好防火和通风性能的镬耳山墙，质朴简洁的水磨青砖墙，岭南沿海特有的蚝壳墙，精美华丽的玉雕、砖雕、木雕、石雕、壁画装饰，“回”字门廊、脚门趟栊随处可见。

车陂街（沙湾镇政府供图）

车陂街虽然仅200多米长，却是大户人家的聚居之地。自清代至民国年间，这里曾居住过众多富人，其中最典型的是广东四大名园之一的余荫山房主人邬燕天的女婿、沙湾珠宝商何与瑶。

传说车陂街曾因富致祸。1894年的一个夜晚，一批江湖大盗潜入

车陂街，将数十富户洗劫一空。虽然这只是一个传说，但也从另一个侧面反映了车陂街的富庶程度。

2. 安宁市

安宁市始建于宋元年间，距今已有800多年的历史，是沙湾古镇盛极一时的六大街市中历史最悠久、商贸最昌盛的街市，已成为古代珠三角富裕乡村街市的典型代表。

古代的安宁市分为东、中、西三段，其中最长且特色最鲜明的是西段——安宁西街。全长205米的安宁西街，历经宋、元、明、清多个朝代的发展，至今仍保留着广东传统的街市格局和青石街窄巷的居住模式以及“下商上住”式的明清广府民居商贸建筑特色。因此，安宁西街于2000年被广州市定为“内部控制历史文化保护区”。

安宁西街（沙湾镇政府供图）

安宁西街虽然只有短短的205米，却是沙湾镇除车陂街外的另一个富商聚居地。例如，其中的“大中堂”是一间清末民国初年两座相连的半洋房式建筑，后座重楼叠院，从房屋的规模不难想见房主当初的富裕程度。

安宁西街不但有富商，更有名士。短短的一条安宁西街竟然藏着14条古色古香的小巷。这14条古巷由北至南分别是容光巷、正德巷、正大巷、进士里巷、三达巷、锦围巷、步云里巷、百岁坊巷、安和巷、遗直门街楼巷、和合巷、诚德巷、阜丰巷、德巷。其中，进士里巷就是为纪念沙湾何氏家族“一门两进士”——宋代何起龙及其曾孙明初进士何子海而建的。

车陂街、安宁西街等古街道，在古代不但是沙湾的商业活动中心，也是娱乐活动的中心。传统的沙湾飘色便是在这些宽不过四五米，窄则只有一二米的传统街巷中来回穿行，摇曳生姿，形成了沙湾飘色精致、小巧的艺术风格。

那么，沙湾的富足到底给沙湾飘色的产生和发展带来了哪些积极的影响呢？

首先，正是因为沙湾经济的富足，使得沙湾人不用为生计发愁，从而可以将较多的时间和精力投入各种民间文化艺术的学习中，促成了广东音乐、粤剧、沙湾飘色等民间文化艺术的繁荣。而广东音乐、粤剧的繁荣更从故事题材、人物造型和音乐伴奏方面推动了沙湾飘色艺术的发展。

其次，沙湾经济的富足，保障了沙湾飘色的设计、制作与演出经费。按惯例，沙湾出色要求扮“色”演员的家庭自己解决演出所需的服装和饰品，因此，如果没有殷实的家境，这家小孩儿就不能成为飘色演员。反过来说，沙湾飘色之所以会有如此的规定，也是因为过去沙湾富户多，不愁找不到有钱人家的小孩儿来扮“色”。因此，每次出色，家长们都会给扮“色”的小孩儿穿上用手工绣成（广绣）的昂贵戏服，还要佩戴金银首饰，一是因为剧情的需要，二是为了显示自家的富有。

最后，沙湾经济的富足，使沙湾人有条件重视文化教育。沙湾人知书达理，知道很多戏曲、小说和民间传说故事，更从故事中明白了是非善恶，为沙湾飘色培养了优秀的创作者和懂得欣赏的观众。沙湾人之所以能创作出几百板不同题材内容的飘色，并为沙湾的父老乡亲所接受与喜爱，是与沙湾人普遍接受过良好的教育，有着较丰富的文学、历史等文化知识有关的。

总之，沙湾飘色在沙湾的产生和发展壮大，不是偶然的，是有着坚实的经济基础作为后盾的。

三、文化名镇

——沙湾飘色产生的文化背景

沙湾古镇不仅经济上富庶，文化上亦丰富多样，不但有很多古街道、古祠堂、道观庙宇等古老建筑，还有众多的民间文化艺术与民间文化艺人。这些深厚的文化积淀给沙湾飘色的产生与发展带来了积极的影响。

（一）随处可见的古建筑

沙湾古镇始建于南宋，至今已有800多年的历史，保存了大量明清到民国时期的古建筑。这些建筑除了常见的一筒竹、三间两廊、镬耳屋、高楼、西式住宅、自由式等民居建筑外，最有特色的就是大量的宗祠建筑和宗教建筑。这些古建筑样式众多、各具特色、亲水性和实用性都很强，是珠江三角洲地区建筑风格的典型代表。2005年，沙湾镇被建设部和文物局评为“中国历史文化名镇”。2010年，沙湾镇入选“番禺十大城市名片”。

中国历史文化名镇沙湾（沙湾镇政府供图）

1. 宗祠建筑

从南宋开始，何、陈、王、李、黎等姓氏先祖陆续迁入沙湾购田置地，繁衍生息，发展壮大，各大姓氏人才辈出，因而，沙湾不同姓氏的古祠堂很多，几乎有街就有祠堂，有时一条街上就有好几座祠堂，如仅安宁西街和车陂街两条街上就有三稔厅、惠岩何公祠等十几座祠堂。其他分散各处的各大姓氏宗祠还有留耕堂（何氏大宗祠）、李忠简祠、王家大祠堂、黎氏宗祠、靳氏宗祠等。众多拥有几百年以上历史的祠堂，共同构成了沙湾古镇的一大特色，成为体现岭南宗祠文化的重要建筑。在数以百计的祠堂中，最出名的有留耕堂、三稔厅、惠岩何公祠、李忠简祠、鉴湖张大夫家庙等。

（1）留耕堂。

在早年移民沙湾的各姓中，以何姓最为鼎盛。从始祖何人鉴膝下的四子十孙起，至今日，何氏子孙已超过 2 万人，仅何氏一个家族就在沙湾一带建起了 120 多座祠堂。祖祠留耕堂是其中规模最大的一座。

留耕堂

留耕堂位于沙湾北村的翠竹居与承芳里两坊之间，是为纪念和供奉第一个在沙湾定居的何氏先人何人鉴而建的，始建于南宋德祐元年（1275 年），历经元、明、清三代，几毁几建，现规模是于清康熙三十九年（1700 年）扩建而成的，面积为 3 334 平方米。建筑坐北朝南，以南北为中轴线对称分布，依次为大池塘、大天街、山门、仪门（牌坊）、丹墀（天井）、月台（钓鱼台）、享殿（象贤堂）、寝殿（留耕堂）及东西庑廊和衬祠。留耕堂以柱多而闻名，木柱和石柱共 112 条，寝殿就是由 24 根木石柱和托梁金字架构成的，最大的象贤堂有 28 条巨柱，柱子要两人合抱才能围住。而“留耕堂”堂名就取自该祠堂的一副对联“阴德远从宗祖种，心田留与子孙耕”（明代大书法家陈白沙手书）。

留耕堂不仅是沙湾古镇的标志性建筑，而且是番禺现存年代最久远、规模最宏大、布局最严谨、造型最精巧、保存最完好的宗祠，集中了元、明、清各朝代精湛的砖雕、石雕、木雕、灰塑、书法和壁画等艺术，风格各异却浑然一体，位居清代番禺“四大宗祠”（沙湾留耕堂、南村邬氏大宗祠、石楼善世堂和大石墩叙堂）之首，堪称岭南建筑艺术的宝库。

1984年1月，广州市拨款30万元，番禺县拨款60万元，沙湾镇拨款15万元重修留耕堂。1986年4月11日，留耕堂重修完毕，作为沙湾博物馆对外开放。1989年6月，留耕堂被列为省级重点文物保护单位。

（2）三稔厅。

三稔厅又名“沙湾大厅”，在沙湾镇安宁西街正大巷，是沙湾何氏的小宗祠，建于清嘉庆年间，既是当年何氏宗祠文化、外事活动的中心，也是广东音乐的发祥地。

三稔厅大门两边为一副雅致的对联：“萝山玉振，珠水金声。”“玉振”“金声”指代音乐，而“萝山”“珠水”则指代沙湾（沙湾背靠青萝山，面朝珠江水）。对联表明了音乐与沙湾和三稔厅的关系：沙湾是广东音乐之乡，三稔厅就是广东音乐的发祥地。对联的右边有一个写着“柳堂乐社”的牌子，顾名思义，社名“柳堂”就是纪念著名广东音乐家何柳堂的。三稔厅整个大厅饰以木雕、砖雕，灰塑瓦脊，镬耳山墙，极具岭南建筑特色。三稔厅里有一株相传为著名广东音乐家何博众栽植的三稔树（酸杨桃树，因四季产果，故名），三稔厅的名字就源于这株三稔树。

三稔厅

三稔厅里的三稔树

清末民国初年，三稔厅是广东音乐“何氏三杰”何柳堂、何与年、何少霞等精英聚会之地。他们与众多音乐爱好者在此日夜聚会，切磋商讨，创作了《雨打芭蕉》《赛龙夺锦》《饿马摇铃》等曲目。

厅内有很多壁画就是以他们所作名曲为意境绘成的，如何柳堂的《赛龙夺锦》《雨打芭蕉》《鸟惊喧》《渔樵问答》、何与年的《月影寒梅》、何少霞的《陌头柳色》，等等。

三稔厅当时是沙湾乃至广东著名的“私伙局”（指戏曲爱好者不穿戏装，只需乐器伴奏进行演唱以自娱自乐的场所），如今依旧是沙湾粤曲爱好者的聚集之地。

（3）惠岩何公祠。

惠岩何公祠位于沙湾镇北村车陂街，是供奉何氏第二十二世何惠岩（广东音乐“何氏三杰”之一何少霞的祖父）及以下祖先的宗祠，为花岗岩脚、卷耳山墙、船形灰塑瓦脊的晚清建筑，是何少霞与乡内外音乐界人士演练音乐曲目的地方。

（4）李忠简祠。

李忠简祠位于沙湾镇东村青萝大街 38 号，始建于元末明初，是为纪念南宋探花李昴英而建，建筑宏伟壮观，砖雕、石雕、木雕等雕工精细，是不可多得的明清建筑艺术精品。

（5）鉴湖张大夫家庙。

鉴湖张大夫家庙位于龙岐村大巷街，是清道光时期广州十三行行商张殿铨（号鉴湖）所建的家庙，其建筑布局清晰严谨，造型优美，建筑装饰雕刻精美，反映了清道光年间岭南广府书院祠堂的典型艺术风貌。

李忠简祠和鉴湖张大夫家庙两处古建筑都具有很高的艺术和文物保存价值，均在 2008 年 12 月被列为第七批广州市文物保护单位。

2. 宗教建筑

沙湾最出名的宗教建筑有鳌山古庙群和玉虚宫等。

（1）鳌山古庙群。

鳌山古庙群位于沙湾镇三善村南面村口，因背靠鳌山（古称浜洲岗，俗称三善岗），故名。

鳌山古庙群坐东朝西，占地 557.7 平方米，自北向南依次为潮音阁、报恩祠、鳌山古庙、先师古庙和神农古庙。

最北端的是潮音阁，里面供奉着观音，主要供村民们在这里焚香祭拜。

报恩祠是为纪念清初巡抚王来任而建的。清康熙三年（1664 年），为防范明朝将领郑成功从海上进攻，清政府采取禁海移民政策，令沿海居民内迁五十里。王来任上书力陈迁海之弊，主张解禁，百姓感恩，故建此庙。

正中的鳌山古庙俗称“观音庙”，是庙群中最大的一座，庙门上刻着“鳌山古庙”四个大字，庙内有坐莲观音、送子观音、二十四手观音及韦陀等新塑全身像。

先师古庙俗称“鲁班庙”，殿内有新塑的鲁班手拿规、矩、斧、尺的金身塑像。该村背靠鳌山，村民历代多以伐木建筑为生，故在此建庙祭祀先师鲁班。

三善村鳌山古庙群（沙湾镇政府供图）

最南端的是神农古庙，正门上石刻“神农古庙”，门前有一方亭，由四条高约七米的方形白石柱支撑着雕木梁。近檐下墙头绘有几幅花鸟、山水、人物画，十分精妙。方亭檐下悬挂横匾木刻“为善最乐”。

观音庙祭祀的是南海之神，先师古庙祭祀的是建筑业的祖师，神农庙祭祀的是农业的始祖，报恩祠则祭祀恩人。鳌山古庙群集中建庙祭拜诸神的现象比较罕见，富有岭南特别是珠江三角洲的地方特色，反映了乡民们朴素的宗教信仰。

鳌山古庙群的建筑布局和雕塑、雕刻、绘画、书法等艺术创作，皆有很高的价值，显示了工匠们深厚的文化修养和高超的艺术水平。2000 年，鳌山古庙群被列为广州市内部控制历史文化保护区；2002 年 7 月，被列为广州市文物保护单位。

（2）玉虚宫。

玉虚宫与留耕堂毗邻，是沙湾乡民供奉北帝的神庙。北帝全称“北方真武玄天上帝”，其他称谓还有玄天、玄天上帝、武大帝、真武大帝、北极大帝、北极佑圣真君、开天大帝、元武神等。在珠江三角洲地区民间信仰的诸神中，北帝的地位尤为重要。不仅供奉北帝的祠庙遍及各乡，而且村民的家中也普遍供奉着北帝的神位。既然北帝是统管北方的神明，为什么南方的沙湾人也要供奉北帝呢？这有两个原因：

第一，北帝虽然是统管北方的神灵，但他同时又是水神，掌管水族，具有消灾解难、治水御火及延年益寿的神力，故颇受世人拥戴。沙湾地处珠江三角洲，属水乡，古代时有水患，沙湾人需靠水而生，因此希望通过供奉北帝来得到北帝的保佑，使百姓免遭水患，使农业、渔业丰收。

第二，北帝与沙湾有缘。传说明成祖朱棣称帝后，为了感谢北帝暗中相助之恩，命令工匠按照其相貌铸造了两尊北帝像供奉。其中，一尊放在皇宫，另一尊被送到了武当山。而当时铸造北帝像的是一位云南工匠，他在铸像时偷偷多铸了一尊并运回云南。工匠去世后，他的两个儿子为了争夺此像，不惜打起了官司。负责此讼的正是沙湾人李潞远将军。李将军相劝不下，略施小计，使兄弟俩争相向他贿赂。待兄弟俩倾家荡产、心生悔意时，李将军又将其家产一一送还并再次劝和。兄弟俩幡然醒悟，握手言和。后来，李将军离任回乡，兄弟俩为表达对李将军的感激之情，同时也为了杜绝后人为了这尊北帝像而再起争端，便将这尊北帝像送给了李将军。于是，李将军便将这尊北帝像带回沙湾送给了家乡父老，并在员峤山下建起了北帝庙，命名为“玉虚宫”。此后，每到“北帝诞”（农历三月初三），沙湾的乡民们便到玉虚宫祭拜北帝，祈求雨调风顺，国泰民安，同时进行飘色巡游表演。

2011 年 1 月，玉虚宫被列为番禺区登记文物保护单位。

玉虚宫

北帝像

沙湾宗祠建筑和宗教建筑中的砖雕、木雕、石雕、灰塑等各种雕

塑艺术不仅对沙湾飘色板色的题材与造型，而且对飘色标牌刺绣的题材与图案等都产生了潜移默化的影响。沙湾飘色的民间故事题材和标牌刺绣中的龙、凤、鳌鱼、鲤鱼、狮子、麒麟等祥瑞造型在各大祠堂的雕塑中均可见到。因此，沙湾飘色又被称为“活动的雕塑”，《古镇神韵》中就有沙湾古建筑的元素。

（二）丰富多彩的民俗、民间文化艺术

沙湾古镇地处珠江三角洲中部，地方富庶，各种民俗、民间文化相当丰富，如有“北帝诞”、赛龙船、舞龙、舞狮、舞鳌鱼等民俗，有广东音乐、粤剧、广绣等民间文化，有玉雕、砖雕、木雕、石雕、灰塑等工艺美术，有龙舟歌、木鱼、粤讴、咸水歌等说唱艺术形式。这些丰富多彩的民间文化和艺术，对飘色的产生和发展产生了积极的影响。

1. “北帝诞”习俗

“北帝诞”是古沙湾最重要的节庆。自从 1413 年李潞远将军从云南带回北帝像后，每年农历三月初三的“北帝诞”日，沙湾都会举行“迎神赛会”。“北帝诞”的一个重要庆祝活动就是北帝出巡，而早期的飘色表演就是北帝出巡时主要的助兴表演节目之一，主要功能就是娱神。“北帝诞”的习俗促成了沙湾飘色的繁荣。

2. 赛龙船习俗

沙湾地处水乡，在龙图腾与龙文化的影响下，赛龙船成为当地端午节的重要习俗之一，也成为广东音乐与沙湾飘色表现当地民俗生活的一个重要题材。特别是近年来经过改革、创新后的大型飘色《赛龙夺锦》，更是综合运用高科技手段，既演绎了广东音乐《赛龙夺锦》，又表现了水乡人民赛龙船的场面与气势，在同一板飘色中反映了音乐与民俗的双重主题，非常新颖，先后在第七届和第九届中国民间文艺“山花奖”表演活动中获得殊荣。

3. 舞龙、舞狮、舞鳌鱼习俗

反映岭南文化，具有水乡特色的舞龙、舞狮和舞鳌鱼不仅为“北帝诞”表演助兴，而且也常在沙湾飘色巡游时演出助兴。沙湾飘色的板色题材中也不乏龙和鳌鱼的形象，如传统题材的《游龙戏凤》《云

龙戏水》《笛奏龙吟》《独占鳌头》等。而现代题材的《古镇神韵》更通过沙坑醒狮的造型来突出沙湾的地方特色。

4. 广东音乐

广东音乐发源于沙湾，又对沙湾飘色产生了重要影响。沙湾飘色不仅多用广东音乐来伴奏，而且一些板色的创作也直接或间接地表现了广东音乐，如《赛龙夺锦》《雨打芭蕉》《古镇琴音》《古镇神韵》《韵绕青萝》等。

5. 粤剧艺术

沙湾也是粤剧的发源地之一，在沙湾古镇有以三稔厅等为代表的粤剧“私伙局”。粤剧的兴衰与沙湾飘色的发展有着密切的联系，粤剧被禁，爱好粤剧的人们“以色代戏”，促成了沙湾飘色的繁荣。后来粤剧解禁，繁荣发展，则又在演员的化妆、服装、造型等方面直接影响了沙湾飘色。

6. 说唱艺术

沙湾地处水乡，有很多反映水乡特色的民间歌谣与说唱艺术，如龙舟歌、木鱼歌、粤讴、咸水歌等，八音锣鼓就是在这些说唱艺术的基础上发展起来的。由于具有热闹、喜庆的特点，八音锣鼓成为沙湾飘色的专门伴奏乐器，每板或每两到三板飘色之间便有一台八音锣鼓。当然，八音锣鼓除了演奏（唱）传统的龙舟歌、木鱼歌、粤讴、咸水歌等民间小曲外，也演奏广东音乐或粤剧音乐。

7. 广绣艺术

沙湾也是广绣艺术之乡。过去，沙湾飘色演员的服装以及飘色标牌的制作等都运用广绣，而且是人工刺绣，非常精美、昂贵（一套广绣服装少则几百元，多则几千元）。如果没有精美的广绣，沙湾飘色将逊色不少。

8. 雕塑艺术

沙湾也是雕塑艺术之乡。如前所述，砖雕、木雕、石雕、灰塑等工艺美术在飘色结构、道具艺术、故事题材与人物造型等方面影响了沙湾飘色。

沙湾古镇有着丰富多彩的民俗、民间文化与艺术种类。如今的沙湾镇也因此被评为“中国民间艺术之乡”。醒狮、广彩分别被列入第一、第二批国家级非物质文化遗产名录，沙湾飘色、鳌鱼舞、砖雕分别被列入第一、第二批省级非物质文化遗产名录。

（三）数不胜数的民间文化艺人

沙湾古镇人杰地灵，精英辈出，不但有富商，而且有文化名流，更有诸多没有留下姓名的能工巧匠。

自清代至民国年间，沙湾更是人才辈出，单是何氏一族就出了不少闻名遐迩的人物，如何与瑶（珠宝商）、何希哲（何与瑶之子，擅长书画）、何厚德（乡村教育家、书法家）、何惠岩（何少霞的祖父）、何高尧（何博众的父亲）、何博众、何柳堂、何与年、何少霞等。其中，何博众、何柳堂、何与年与何少霞四人对广东音乐作出了很大贡献，何柳堂、何与年与何少霞三人更是被誉为广东音乐“何氏三杰”，先后创作了《赛龙夺锦》《雨打芭蕉》《饿马摇铃》《月影寒梅》《桃李争春》等广东音乐名曲。

1. 何博众

何博众（1831—?），名羽仪，字博众，号仙侪，沙湾北村人，广东音乐的奠基人之一。

何博众出生于音乐世家，自幼深受礼乐的熏陶，更曾拜名师新会黄熠南门下学琴艺，故青年时代就显示出不凡才艺，尤以精通十指琵琶著称。从 19 世纪中叶起，他聚集一批热爱音乐的人，以三稔厅为基地开展民间音乐的创作、演奏和研究活动，培养出众多的广东音乐人才，包括被誉为广东音乐“何氏三杰”的何氏家族后人——何柳堂、何与年、何少霞。20 世纪 80 年代以前，一直被标记为传统乐曲的《雨打芭蕉》《饿马摇铃》等广东音乐早期代表作品，现经查证均为何博众所作。广东音乐经典名曲《赛龙夺锦》的原始手稿《群舟攘渡》也是出自何博众之手，后经其孙何柳堂等人反复加工修改，几易曲名才定稿面世。

何博众还喜欢沙湾的飘色艺术，曾设计过一板名为《白鹤拉纤》（也有的说法叫《白鹤拉竿》）的飘色。据说这一板色的色梗十分奇特，经过鹤身，通过鹤的头盖骨来连接“屏”和“飘”。每次造色需要两只白鹤，一只活的，一只死的，但表现出来的两只白鹤都栩栩如生，羽毛洁白无瑕，所以制作难度极高。后来，由于环境变化，白鹤稀少，以及何博众去世等原因，这一板色逐渐消失。

2. 何柳堂

何柳堂（1874—1933 年），名森，字与香，号柳堂，沙湾北村人，广东音乐“何氏三杰”之一。

何柳堂出生于音乐世家，幼年时在祖父何博众的教导下，学会了演奏琵琶。何柳堂七岁读书，十四五岁时开始习武，精于骑射。清光绪二十年（1894 年），他在广州背靶而射连中七箭，中了武秀才。辛亥革命后，何柳堂在香港“琳琅幻境”音乐部当音乐员，从事广东音乐的创作与粤剧研究，后来在“钟声慈善社”任广东音乐与粤剧教师。跟他学艺的有尹自重、丘鹤铸、钱大叔、吕文成、何大傻等人，这些人后来皆成了音乐名家。

何柳堂是广东音乐典雅派的开创者，他从祖父何博众的《群舟攘渡》中得到启迪，创作了广东音乐《赛龙夺锦》，把刚劲、浑厚、亢奋的音乐特色发挥得更为淋漓尽致，感染力尤为强烈。该曲一面世即流行海内外，被认为是广东音乐的代表作。何柳堂还在祖父的影响下改进了《雨打芭蕉》《饿马摇铃》等曲目，其他代表作还有《七星伴月》《鸟惊喧》《回文锦》等，至今仍常被人们演奏。

何柳堂晚年清贫，患上肺病，久治无效，在家乡逝世，享年 59 岁。沙湾后人在何柳堂创作的《赛龙夺锦》启迪下，创作了沙湾飘色《赛龙夺锦》，以这种特殊的方式来纪念这位伟大的音乐家。

3. 何与年

何与年（1880—1962 年），名树人，字汝年，何博众的孙子、何柳堂的堂弟，沙湾北村人，广东音乐“何氏三杰”之一。

何与年在祖父何博众、堂兄何柳堂的指导下，精通琵琶、三弦、扬琴等民族乐器的演奏，特别是用十指琵琶技法来独奏《琵琶动汉皇》的琵琶引子，名震大江南北。

何与年参与了堂兄何柳堂、侄子何少霞对其祖父何博众的遗作《群舟攘渡》的修改工作，并最后将之命名为《赛龙夺锦》。何与年是广东音乐的多产作家，传世的音乐作品有《寒潭印月》《走马看花》

《上苑啼莺》等30余首。

何与年经常为音乐名家设计唱腔或伴奏。何与年曾为南海十三郎撰写的粤剧《可怜秋后扇》设计唱腔，此外，张月儿唱的《一代艺人》，小燕飞唱的《莺莺酬简》，张月儿、小燕飞合唱的《冲冠一怒为红颜》，张月儿、上海妹合唱的《周郎气小乔》，吴一啸、胡美伦合唱的《月照离魂》等的唱腔和音乐也都经过何与年设计并由他伴奏。

何与年先后跟何柳堂、何少霞、尹自重、吕文成、何大傻、麦少峰、李佳等广东音乐家合作灌录了《赛龙夺锦》《七星伴月》《回文锦》《雨打芭蕉》《饿马摇铃》《娱乐升平》《十面埋伏》《午夜遥闻铁马声》《孔雀开屏》等10多张唱片，在广东音乐及粤剧唱腔方面有重大建树。

何与年自1950年到香港后，一直从事音乐教育工作，1957年曾回穗演出，大受欢迎，1962年在香港病逝，享年82岁。

4．何少霞

何少霞（1894—1942年），名振渠，字乾调，沙湾北村人，广东音乐“何氏三杰”之一。

何少霞年轻时曾在广州教忠中学读书，毕业后回到沙湾，在本善女子小学任教，使用简谱教音乐，为沙湾培养了不少音乐人才。何少霞在教学之余，常与远房叔父何柳堂、何与年交流和切磋广东音乐，并与广东音乐名家吕文成、尹自重、何大傻以及西洋音乐家何安东共同研究探讨广东音乐及西洋音乐。20世纪20年代，何少霞创作的广东音乐有《春光好》《将军试马》《陌头柳色》《桃李争春》《吕宫戏水》等多首。

何少霞精通十指琵琶的演奏，被乡人誉为“琵琶精”，三弦的演奏技艺也十分娴熟。何少霞与何柳堂、何与年等名家合作灌录过唱片，对广东音乐的发展起了很大的推动作用。抗日战争期间，家乡沦陷，他痛心山河破碎，人民颠沛流离，创作了《白头吟》和《夜深沉》等沉痛悲愤的广东音乐名曲。1942年，何少霞病逝，享年48岁。

沙湾古镇除出了几位有名的广东音乐家外，还出了不少飘色艺人。沙湾的《何氏族谱》上曾记载过早在清初康熙年间的飘色助庆活动，只不过没有记载下当时制作飘色的艺人姓名。而清末咸丰年间，更是沙湾飘色的鼎盛时期，每逢酬神庙会必有飘色。每次出色一连三四天，每天二三十板，板板名目不同，可以想见当时飘色艺人队伍的规模。

沙湾古镇还出了不少能工巧匠。沙湾古镇随处可见的街道、村落、祠堂、庙宇的建筑，离不开木雕、砖雕、石雕和灰塑等各行各业的民间艺人。艺术是相通的，这些民间艺人不仅在本行业作出了贡献，而且对沙湾飘色故事题材的挖掘与整理、色梗的设计与制作、人物造型的设计与装扮等产生了积极影响。

综上所述，沙湾不仅经济基础扎实，而且文化底蕴深厚。沙湾飘色的产生与发展，以及今天所取得的荣誉都离不开沙湾古镇深厚的历史文化积淀。沙湾飘色在沙湾落地生根并发展壮大，除了有沙湾繁荣的经济做保障外，更是沙湾几百年来广东音乐、粤剧、广绣、沙坑醒狮、沙涌鳌鱼舞，以及当地的木雕、砖雕、石雕、灰塑等各种民间文化艺术相互浸染的结果。如今的沙湾，更是享有“广东音乐之乡”“中国民间艺术之乡”“中国龙狮之乡”“中国历史文化名镇”“中国文化旅游名镇”等多项荣誉。

四、“飘”在沙湾

——沙湾飘色的起源与发展

沙湾古镇繁荣的经济与深厚的文化底蕴为沙湾飘色的产生与发展打下了良好的基础，那么，沙湾飘色到底是如何起源的，又经历了哪些发展阶段呢？

（一）沙湾飘色的起源

关于沙湾飘色的起源，按照起源时间的先后，主要有以下三种说法：

1. 起源于明朝永乐年间兴起的“北帝诞”习俗

此种说法认为沙湾飘色起源于明朝永乐年间沙湾兴起的“北帝诞”巡游活动的助兴表演。传说自从明成祖永乐十一年（1413年）北帝像被李潞远将军带回沙湾后，每年农历三月初三“北帝诞”，乡民们都要到北帝庙拜祭北帝，并抬着北帝像巡游，同时伴以“色”和舞龙等民间艺术的助庆表演，久而久之就产生了现在的飘色。

北帝巡游

2. 于清初顺治年间由员岗传入

此种说法认为沙湾飘色从邻近的员岗传入，而员岗的飘色又从江西传入。据员岗的飘色老艺人崔湛反映，他曾看过一套大约400年前编撰的县志手抄本，其中就有关于员岗飘色的详细记载。据说员岗的崔氏家族从江西迁来，过去常派族人回江西拜祖。飘色大概在明末的崇祯年间从江西老家传入，由于崔氏家族与沙湾的何氏家族一向友好，且有姻亲关系，经常往来，于是在清初的顺治年间，飘色又从员岗传入沙湾。

3. 起源于清末咸丰年间的“以色代戏”

何谓“以色代戏”？“以色代戏”就是指用“色”代替戏剧（粤剧），即由儿童装扮成戏曲中的各色人物形象，摆出戏曲人物和戏曲情节所需的各种造型，表现某个戏曲故事的片断或瞬间。与戏曲演出不同的是，“色”的表演只演不唱（只有简单的表情、动作）。

“以色代戏”的说法认为沙湾飘色起源于清朝咸丰年间粤剧伶人李文茂起义失败后粤剧被禁期间的“以色代戏”。清咸丰四年（1854年），粤剧艺人李文茂响应太平天国起义，在佛山经堂古寺率领梨园弟子，编成文虎、猛虎、飞虎三军。清政府为了消灭三军势力，残杀艺人，火烧琼花会馆，禁演粤剧 15 年之久。而沙湾本是广东音乐之乡，也是粤剧的发源地之一，当地的群众都喜爱演戏、看戏，特别是在“北帝诞”等民俗、宗教活动时期，更要演戏酬神。朝廷禁演粤剧，百姓想看戏却又看不成，于是想出新的法子：每逢酬神庙会之时，便在村中挑选一些俊俏的小孩儿，将其装扮成戏曲中的人物，抬着他们在各村游行，看似演戏但又不唱戏，这样既不违反朝廷禁令，又不违背乡中俗例，还让百姓们得到了安慰，久而久之便产生了如今的飘色。

以上三种说法中，最后一种说法关于李文茂起义失败招致粤剧被禁以及后来出现“以色代戏”的事虽是史实，但时间较晚，在清朝咸丰年间。而据沙湾何汝根先生说，何氏乙房族谱有康熙年间（1662—1722 年）留耕堂重修落成时以飘色助庆的记载，由此可知，沙湾飘色在清初的康熙年间已出现，不可能起源于清末的咸丰年间。因此，这种说法可以排除。

第一种说法只停留于传说，没有更多的史料记载作为佐证，因此目前尚不能完全采信，但古代沙湾确有“北帝诞”的习俗且必在“北帝诞”巡游时表演飘色，因而不能完全排除这一说法的合理性。

第二种说法不仅有相对具体的时间、地点、人物和事件，而且在时间上也与沙湾飘色的相关文字记载吻合，因而比较可信，广被采纳。

综合以上几种说法与相关分析，笔者推测，沙湾的飘色于清初顺治年间由员岗传入，传入后深受当地百姓喜爱，因此成为沙湾当地已有的“北帝诞”巡游表演中的必备助兴节目之一，但此时并未完全形成自己的特色，只能从地域意义上称之为“沙湾的飘色”，还不是后来作为飘色类型的“沙湾飘色”。到了清末咸丰年间李文茂起义失败导致粤剧被禁后，沙湾百姓“以色代戏”，这才加速了沙湾飘色的定型，促成了沙湾飘色的繁荣。因此可以说，“北帝诞”的助兴表演习俗和“以色代戏”的做法都不是沙湾飘色的起源，但都对沙湾飘色产生了很大的影响，推动了沙湾飘色的发展，共同开创了沙湾飘色的鼎盛局面。

（二）沙湾飘色的发展阶段

沙湾飘色从传入至今已有400多年的历史，它的发展大概经历了四个时期：传入与形成时期、鼎盛时期、停滞时期和复兴时期。

1. 传入与形成时期

自明末清初至道光年间的200多年是沙湾飘色的传入与形成时期。

沙湾飘色在明末清初由员岗传入初期只是简单模仿员岗飘色和江西飘色，还没有完全脱离二者的影响，因此，还不能被称为真正意义上的沙湾飘色。到了道光年间，沙湾飘色才逐渐形成自己的特色，虽然人物造型还比较简单、粗糙，但深受民众欢迎。

2. 鼎盛时期

从清朝咸丰年间到抗战爆发之前的这一段时期是沙湾飘色的鼎盛时期。

清朝咸丰年间，粤剧名伶李文茂率众响应太平天国革命起义失败后，清廷迁怒于广东梨园，解散粤剧班，禁演粤剧，并焚毁佛山琼花会馆。在此期间，本地班（粤籍艺人组成的戏班）艺人有的逃亡省外甚至海外，有的为了生活，迫不得已加入了外江班（外省来粤的戏班，区别于本地班而言），大批沙湾粤剧艺人也只好回乡。

沙湾过去有一个民俗，每逢农历三月初三“北帝诞”日，乡民必抬北帝像巡游，且例必演戏。当时不能演戏了，只好“以色代戏”。所幸沙湾经济富裕、文化发达、名人辈出，于是返乡粤剧艺人与乡中

的文人雅士、民间飘色艺人一起精心设计，创作出了《六国大封相》《刘邦斩蛇》《精忠报国》等飘色，借以抒发爱国之志和反迫害之情。自此，沙湾每年都举行飘色游行，由东、西、南、北四大村的一居、三坊、十三里轮流组织，每次出色连续四天，每天出色二三十板，板板人物各不相同，争奇斗艳，场面蔚为大观。

沙湾粤剧艺人将粤剧的题材内容，粤剧角色及其化妆、服饰与造型等艺术巧妙地运用于沙湾飘色，使飘色艺术带有浓厚的粤剧特色，沙湾飘色也因此被称为“凝固的戏剧”。

“以色代戏”的无奈之举，本是粤剧的不幸，却成就了沙湾飘色，促成了沙湾飘色艺术的兴盛。

3. 停滞时期

从抗日战争爆发到新中国改革开放前的这一段时期，是沙湾飘色的停滞时期。

抗日战争时期，国破家亡，百姓生活艰苦，沙湾人再也没有心情和能力举行飘色游行，沙湾飘色一度被人遗忘。1945 年抗日战争胜利后，举国欢腾，沙湾乡民出了四板飘色助兴。1958 年“大跃进”时期，沙湾又倾尽全力举办了一次大规模的飘色巡游庆祝活动。文化大革命时期，飘色艺术被当作“四旧”进行破除，很多色梗、色柜被毁，沙湾飘色遭受了灭顶之灾，飘色活动再度停止，销声匿迹。

4. 复兴时期

改革开放后，特别是进入新世纪后的这一段时期，是沙湾飘色的复兴时期。

这一时期的沙湾飘色不仅在“北帝诞”、春节、中秋节等传统节日出色，而且凡有工程庆典、大型招商、海外交流联谊等大型群众活动时都会出色助兴。沙湾飘色已经成为沙湾的一张名片，展示了沙湾人良好的精神风貌。

《番禺改革开放 30 年大事记》和《沙湾卅年大事记》对这一时期每一次大型的沙湾飘色及与沙湾飘色有关的情况都有详细记录：

1979 年 10 月 1 日至 3 日，恢复沙湾飘色，共出色 54 板，沙湾人纷纷走上街头观看，万人空巷。

1981 年 11 月 2 日，沙湾以其独特的飘色、风筝、砖雕等民间艺术

和广东音乐闻名遐迩。沙湾公社文化站被推选为出席广东省即将召开的农村群众文艺工作表彰先进大会的先进集体代表。

1982年10月1日（国庆节、中秋节），沙湾举行飘色鱼灯游行，省委书记尹林平，县政府、统战部、侨办负责人，香港工商界张耀宗、区志祥、郭华先生和旅港乡亲500多人应邀参加了盛会，邻近县社8万群众前来观看。

1985年4月22日，沙湾举行飘色盛会，庆祝旅港沙湾同乡会成立。副县长黄积修，县政协主席刘檀添，香港番禺工商联谊会、澳门番禺同乡会的龚文翰、黎松、何家森先生和港澳同胞400多人参加了盛会。

1986年4月11日，沙湾区举行留耕堂重修落成和龙湾大桥建成通车剪彩盛典。省畜牧开发总公司经理苗栓柱，县领导黄伟宁、梁伟苏、黄积修、石铭磬及各部委办局、区（镇）负责同志等2 000多人参加。同日，沙湾区还举行了飘色活动助兴。

1987年3月31日，由旅港沙湾同乡会捐资32万港元和沙湾镇政府、沙湾地区各村、各工厂、企业等集资5万元人民币兴建的沙湾敬老中心落成，并举行民间传统的飘色游行活动。参加这次活动的有沙湾旅港同乡会、香港番禺工商联谊会负责人，县领导梁伟苏、刘檀添、黄积修等及有关部门的负责同志500多人。

原沙湾镇委、镇政府所在地大部分属侨房。1988年4月18日，为落实侨务政策，经一年多筹建，新楼落成剪彩。省、市有关部门负责人，县领导梁伟苏、何桃、梁锐标、石铭磬等和历届沙湾镇负责同志及干部群众共4 000多人参加了剪彩仪式。霍英东先生致电祝贺。当日举行飘色游行助兴。

1994年4月13日，沙湾镇举行18项工程庆典仪式和传统民间艺术沙湾飘色活动。广东省、广州市有关领导出席了庆典活动。应邀出席庆典的还有番禺、沙湾旅港澳同乡会（联谊会）的旅港乡亲及回乡投资、观光考察的客商500多人，沙湾镇及各村干部代表共1 200人。

1999年4月18日，沙湾镇隆重举行13项工程庆典暨飘色巡游活动，表演了《笛奏龙吟》《仙女渡江》《哪吒伏魔》《千里传书》《三取珠旗》《八仙闹海》《三田和合》《仙女散花》《三连桂冠》《寒江大战》《冰剑寒梅》《云龙戏水》《飞剑伏狐》《嫦娥思乡》等十几板飘色，来自港澳、珠江三角洲等地的嘉宾及各界群众10多万人观看了飘色巡游活动。

2000年，沙湾镇被文化部命名为“中国民间艺术（飘色）之乡”。

2000年10月，宝墨园第三期工程剪彩，首次恢复“水色”表演，沙湾飘色参加了表演，共表演了《八仙贺寿》《凌波仙子》《哪吒伏魔》《三田和合》四板飘色。

2002年10月1日，为庆祝中华人民共和国成立53周年暨10项工程竣工庆典，沙湾举行了一次盛大的民间艺术大巡游。沙湾东、南、西、北四大村的一居三坊十三里这17个有飘色传统的乡村动员起来，共同表演了26板飘色。

2005年9月17日（农历八月十四），沙湾镇成功申报中国历史文化名镇，举行了“贺中秋，迎国庆”盛大飘色巡游庆祝活动。沙湾飘色盛况空前，东、南、西、北四大村的31板飘色齐齐亮相，其中，《独占鳌头》《赛龙夺锦》《三田和合》《雨打芭蕉》《三取珠旗》《韵绕青萝》《拦江截斗》《哪吒伏魔》《游龙戏凤》《昭君出塞》荣获“2005年最受欢迎十板飘色”称号。

沙湾镇2005飘色巡游暨“中国历史文化名镇”揭牌庆典仪式（沙湾镇文化站供图）

2005年11月13日，沙湾镇举办第十一届体育运动会，沙湾飘色再次出色助兴。

随着改革开放的深入，沙湾飘色再次焕发出新的光彩，不仅出色次数多了，出色规模大了，而且飘色的板色题材更加丰富，飘色的制作技巧精益求精。近年来，沙湾飘色艺人不但继续认真挖掘戏曲小说、民间故事等传统题材，还创作了《赛龙夺锦》《雨打芭蕉》等一批反映时代精神、现实生活和沙湾地方特色的新板色。

进入21世纪后，沙湾飘色进一步改革与创新：在坚守沙湾飘色传统特色的前提下不断尝试加入新的高科技元素，结合时代主题，创作出了《奥运之光》《脚踏刀梯》《古镇神韵》等富有时代气息的飘色作品。特别是大型飘色《赛龙夺锦》，一改传统色柜表演的形式，将飘色搬到平板车或电瓶车上演出；将传统的“一屏一飘”增加到“多屏多飘”；30多个演员共同努力，重新演绎了沙湾的广东音乐《赛龙夺锦》与赛龙舟习俗，表现了双重主题，气势磅礴。

新的主题、新的形式、新的技术，为古老的沙湾飘色艺术注入了新的活力，沙湾飘色进入全面复兴的大好时期。

五、以“屏”带“飘”

——沙湾飘色的结构组成

沙湾飘色由色柜、“屏”、“飘”和色梗四个部分组成，并由色梗将色柜、“屏”和“飘”巧妙地连接起来共同构成一板完整的飘色，塑造一组人物，表现某一故事片断或情境，呈现出“以屏带飘”“柜屏飘相连”的结构特点。

（一）色柜

色柜就是承载“屏”和“飘”，以及用于安装并隐藏色梗底部的柜子。之所以称之为“色柜”，除了因为它是专门用于飘色表演的柜子外，可能还因为它色彩鲜艳，比普通柜子要漂亮得多。

1. 色柜的形制

传统的色柜是一个木制（常用坤甸木）的长方体，柜身长 153 厘米、宽 77 厘米、高 64 厘米。色柜外表上漆，面板上铺着各色绸布或布景，底边缀有红色布帷，用来遮掩色柜下面的四个轮子（便于推行）。整个色柜看上去五颜六色，十分漂亮。

飘色的结构

色柜的四周通常装饰有表示吉祥如意的文字或山水、花鸟、虫鱼和人物画，如《赵云救主》色柜上的“福”字、《桂英招亲》

色柜上的花鸟画、《赛龙夺锦》色柜上的山水画，等等。

《赵云救主》色柜上的“福”字

《桂英招亲》色柜上的花鸟画

《赛龙夺锦》色柜上的山水画

除了表示吉祥如意的文字或山水、花鸟、虫鱼和人物画外，色柜的四周还经常饰以与飘色的题材、内容、人物或意境等有关的诗画。例如，《净洒人间》色柜上的宗教人物画与本板飘色反映观音菩萨“净洒人间”的宗教题材和内容相辅相成；又如，《三取珠旗》色柜上的“哼哈二将”画很好地衬托了北宋名将狄青和双阳公主的神勇。特别是《冰剑寒梅》的色柜最具有诗情画意，色柜中间的两扇柜门上有唐代诗人李白的两首诗，左边的一首是《送孟浩然之广陵》：“故人西辞黄鹤楼，烟花三月下扬州。孤帆远影碧空尽，惟见长江天际流。”右边的一首是《早发白帝城》：“朝辞白帝彩云间，千里江陵一日还。两岸猿声啼不住，轻舟已过万重山。”在诗句旁边便是根据二诗意境绘成的山水画。

《净洒人间》色柜上的神仙画

《三取珠旗》色柜上的“哼哈二将”画

《冰剑寒梅》色柜上的诗画

色柜的左右两侧各装1只扶手，前后各配1根色杠。飘色巡游表演时需杠抬色柜巡游，方法是用2根大麻绳（为了吉利，有的还在麻绳上系上红丝带）分别将2只扶手系在色杠上，前后各需2人用肩膀将色柜抬离地面前行，其余几人可用手抬着色柜的扶手辅助前行（中途替换抬色柜人员）。抬色柜的人数可视色柜总重量而增减，少则4人，多则8～12人。

2. 色柜的功能

色柜的功能主要有承重、保密、舞台表演、舞台布景、广告宣传、储藏等。

（1）承重功能。

这是色柜的首要功能。色柜所承担的重量主要来自飘色演员、道具以及色梗等。

演员的重量是色柜承重的最主要部分。传统的沙湾飘色通常是“一屏一飘”，偶尔也有“一屏二飘”（如《三田和合》），因此，一个色柜通常要承担2～3个小演员的重量，所有演员的体重加上他们所穿戴的服饰的重量，一般在50～100千克。

《三田和合》中的“一屏二飘”

飘色演员表演时需要很多道具，除了扇子、花草等少数道具比较轻巧外，其他大部分道具（如乐器类道具）都有一定的重量，有的甚至还很重，如兵器类道具。

飘色的色梗也是色柜承重的一个重要部分。色梗是用钢筋锻造而成的，本身具有一定的重量。为了掩饰色梗的存在，使飘色看上去天衣无缝，飘色艺人们还根据板色主题和内容制作了各种各样的道具，并将这些道具和色梗巧妙地融为一体，使普通色梗成为各种造型的艺术色梗（关于此点，将在第八部分专门阐述），这就自然加重了色梗的重量。

色柜也需要有一定的重量，否则不能承重以及保持平衡，因此，

色柜的自重加上演员、道具、色梗以及柜内存放杂物等的重量，通常在 200 千克左右。

（2）保密功能。

色梗是飘色的灵魂，一台飘色成功与否，关键在于色梗制作的成功与否。在古代，飘色艺人迫于生计，或者为了在各村坊的飘色大赛中立于不败之地，对色梗的制作与安装技术极为保密，生怕一不小心被同行看透其中机密，或者被观众看出破绽，因此，对色梗的安装极为注意。色梗的底端安装在色柜中，在色柜的面板上覆盖绸布以遮掩，伸出色柜的部分则用“屏”和“飘”的衣裤、鞋袜或道具进行遮掩，使色梗与色柜的连接更加隐蔽。因此，色柜同时又是一个保密柜。

（3）舞台表演功能。

色柜还是飘色演员巡游表演的舞台和阵地。由于飘色演员是用色梗固定在色柜上的，因此，他们的任何表演都不能离开色柜。每一台飘色从色柜到“屏”再到“飘”，从下到上自然形成三个层次，立体感和层次感特别强。虽然色柜相对于“屏”和“飘”来说，是一个固定的舞台，但它被人抬着到处巡游，因此又是一个活动的舞台。与舞台不动而演员动的戏曲表演不同，飘色表演是舞台（色柜）和演员一起动。因此，虽然每一台色柜和色柜上的演员是固定不变的，飘色演员的动作和表情也相对单调，但随着色柜和演员的移步换景，飘色演员的表演自始至终面对的都是流动的观众，而观众看到的也是流动的表演。沿途观众此起彼伏的惊叫声、赞叹声与欢呼声自然激发了飘色演员们反复表演的热情，而演员们精彩纷呈的表演也带给观众视觉的享受。这种近距离的互动使双方都能在最大程度上保持高涨的热情，使演者不枯燥，观者不乏味。因此，色柜虽小，但带给演员的表演空间却很大，天、地、人（观众）都可作为演员表演的背景，堪称空中大舞台。

（4）舞台布景功能。

沙湾飘色为了增强表演的真实感，给观众创造一种相对真实的意境，通常需要在色柜上布景。如《雨打芭蕉》中粗壮、茂盛的芭蕉树，《独占鳌头》中蔚蓝的大海与硕大的鳌鱼，《哪吒伏魔》中象征石矶娘娘原型的石矶，《赵云救主》中旌旗飘扬的城池，等等。这些布景让人眼前一亮，极大地调动了观众的想象力，使人有身临其境之感。

《雨打芭蕉》色柜上的芭蕉树

《独占鳌头》色柜上的大海与鳌鱼

《哪吒伏魔》色柜上的石矶

《赵云救主》色柜上的城池

（5）广告宣传功能。

“沙湾出色，万人空巷。”每一次沙湾飘色巡游表演活动都是一次很好的广告宣传机会，活动的主办方、承办方或赞助方，以及飘色的制作者或参赛单位都会不失时机地利用这一机会宣传自己。除了通过在活动场地悬挂大型标语、横幅进行固定的广告宣传外，他们还充分利用色柜这一流动舞台进行流动宣传。

色柜上的广告宣传内容主要包括飘色制作和参赛单位名称以及飘色活动的性质、理念或对飘色艺术的评价两大类。

① 对飘色制作和参赛单位的广告宣传。制作单位（各村组如沙湾东村、沙湾西村、沙湾南村、沙湾北村，沙湾镇政府，沙湾飘色协会等）通常以文字形式标示在色柜的前面，而参赛单位则以文字或图文

并用的形式标示在色柜的两侧。如《游龙戏水》飘色制作单位沙湾东村的标示及参赛单位沙湾金沙湾花园的广告，《三田和合》飘色制作单位沙湾南村的标示及参赛单位金沙丽水花园“好戏连台，尽情上演”的广告，《雨打芭蕉》飘色制作单位沙湾西村的标示及参赛单位番禺农村信用社的广告，《嫦娥奔月》飘色制作单位沙湾北村的标示及参赛单位沙湾房地产公司的广告，等等。

②对飘色活动性质、理念的宣传或对飘色艺术的评价，如《韵绕青萝》的“民间艺术”，《双仙赴会》的“百花齐放”，《鱼仙得道》的“争妍斗丽”“娱乐升平”，《珍珠彩塔》的“流金溢彩”，《月满良宵》的“多姿多彩”“万紫千红”，等等。

《游龙戏水》色柜上的广告

《鱼仙得道》色柜上的宣传

（6）储藏功能。

飘色巡游表演从演员化妆、色梗安装到表演结束后卸妆，通常需要大半天到一整天时间。在这段时间里，演员不能回家，尤其是一旦安装了色梗后，不到表演结束不能下地。因此，为了防止小演员饥渴、烦乱，需在色柜中为他们存放足够的饮料、食物和玩具等；为了防止演员的妆容被汗水或泪水弄花，还要在色柜中存放化妆品以便随时给演员补妆。

可存放矿泉水等杂物的色柜

抬色柜人员消耗体力较大，尤其是夏天，出汗多，需要不时擦汗和补充水分，因此，色柜中也需要为他们存放毛巾、矿泉水等。

除了化妆品、食物、饮料、玩具、毛巾等物外，为了防晒或防雨，色柜内还经常放置晴雨伞等物。因此，色柜又是一个方便、实用的储物柜。

（二）“屏”和“飘”

“屏”就是坐在或“站”（实际上也是坐着的）在色柜上表演的人物造型，“飘”就是在色柜上方凌空表演的人物造型。“屏”和“飘”是构成飘色的两个重要部分，有很多共同的地方。

1. 对“屏”和“飘”的挑选

不是随便哪个普通人都能扮演“屏”和“飘”的。在古代，每次举行飘色活动前，飘色艺人都要对“屏”和“飘”的扮演者进行海选，只有年龄、体重合适，貌美、胆大、活泼好动又有耐性且家庭殷实的小孩儿才能入选。

（1）对“屏”和“飘”年龄、体重的挑选。

因为飘色是在色柜上表演的，表演时还要由人抬着到处巡游，所以演员的年龄不能太大，否则演员太重，抬色柜人员抬起来太吃力；演员太高大，看上去也不轻盈、不美观。因此，“屏”的年龄通常在10～13岁，体重在30千克左右。而“飘”因为要凌空表演，且要达到飘逸的效果，所以对“飘”的年龄、体重的要求更严：年龄一般在3岁以下，最大的5岁，最小的不足1周岁；体重一般在15千克左右。

（2）对“屏”和“飘”相貌、胆量与性格的要求。

首先，飘色是一种扮“色”（特别是经常扮演成古代戏曲、小说或民间故事中的青年男女）来娱神和娱乐观众的表演艺术，这就要求演员首先要长相俊美，然后再通过必要的化妆使他们的扮相看上去更加赏心悦目。其次，飘色是一种户外巡游表演的艺术，演员与观众近距离接触，除了要被围观，还会被指指点点（怀疑其真假），甚至被拉拉扯扯（验证其真假）。因此，这就要求演员要有当众表演和即兴表演的胆量，不能害羞、胆怯。因为“飘”要在3米左右的空中表演，所以，对“飘”有特别的要求——不恐高。挑选“飘”时，有经验的师傅会把幼童放在特制的3米高架椅上坐几分钟，哇哇大哭者即被淘汰。只有那些胆量大、不恐高的小孩儿才能入选。最后，因为飘色是需要长时间（少则2小时，多则大半天）在外巡游表演的，而对

“屏”和“飘”的安装与拆卸也都很费工夫，所以演员一旦上了色架，不到表演结束，没有紧急情况是不会提前下来的。这就要求演员既要活泼好动，不能像泥菩萨般从头到尾一动不动，又要有足够的耐性，不能坐不住。总之，演员要能服从飘色艺人的安排按照所扮演角色的需要来表演，该动时要动，该保持表情、动作不变时就要如雕塑般稳住不动。

（3）对“屏”和“飘”家庭经济状况的挑选。

传统飘色挑“色”时一定要挑选家境殷实的小孩儿。为什么呢？因为在古代，按习俗，扮“色”孩子的人家要负责自家孩子所扮角色的一切花费，包括角色服饰及道具等。角色的服饰仿照戏曲的服饰，按人物所在朝代的特点来设计，用上好的绫罗绸缎来精心绣制，还要配上各种金银珠宝作装饰。精美的服装加上昂贵的饰品，花费自然很大。所以古代扮“色”孩子的家庭往往非富即贵，以至于在扮“色”孩子训练或出色的途中还会有保镖专门接送。这样做，一是为了保证孩子自身的安全，二是为了保证孩子衣物、饰品的安全。

既然扮“色”的条件如此苛刻，扮“色”的过程又很艰辛，为什么还有那么多人家抢着让自己的小孩儿扮“色”呢？原来，在古代，扮“色”最先是娱神的，因此当地人认为小孩儿扮过“色”，可得到神灵的保佑，为其祛病消灾，令其健康成长。特别是“飘”的凌空扮演，象征着“高”，因此人们又认为扮过“飘”的小孩儿会比别人家的孩子长得更快、更高，长大后会高升、发达。此外，小孩儿被选中扮“色”，既说明孩子长相俊美，又显示了孩子家庭的经济实力。所以一旦小孩儿被选中扮“色”，非但不会被当作苦差，反而被当作整个家庭的荣耀。

2.“屏”和“飘”的性别及其扮演的角色

（1）性别。

传统题材的飘色以女孩儿扮“屏”、男孩儿扮“飘”为多。这是因为传统的沙湾飘色大多是模仿戏曲中的生旦戏来表演的，因而一板飘色中也多利用“一屏一飘”来造型。“飘”要在空中表演，既要体重轻，又要胆子大，通常由较小的男孩儿来扮演；而“屏”大多由稍大的女孩儿来扮演。

现代题材的飘色也有如《雨打芭蕉》等反过来由男孩儿扮“屏”、女孩儿扮“飘”的，甚至有像《奥运之光》等“屏”和“飘”都由男孩儿来扮演的。

（2）扮演角色。

“飘”和“屏”多扮演古代戏曲、小说或民间传说的爱情故事中的生、旦角色（男、女主角）。例如，《桂英招亲》中的杨宗保和穆桂英、《三取珠旗》中的狄青和双阳公主、《神雕侠侣》中的杨过和小龙女、《月满良宵》中的张生和崔莺莺等。

除了爱情故事中的男女主角，“飘”和“屏”还扮演其他各种故事片断中的男女主角。例如，《拦江截斗》中的赵云和孙尚香、《游龙戏凤》中的乾隆皇帝和村姑凤姐、《哪吒伏魔》中的哪吒和妖魔石矶娘娘等。

是不是所有的“屏”和“飘”都扮演角色呢？也不是。在有的飘色中，虽然其色柜上也有类似生、旦角色的“屏”和“飘”的演员，但他们的存在不是为了扮演某个具体的人物形象，而是为了表现某种情景或意境。例如，《云龙戏水》表现的是“云龙戏水、普降甘霖”的情景，《韵绕青萝》则表现了“笛奏龙吟、韵绕青萝（沙湾镇）”的意境。这类飘色中的“屏”和“飘”都不是主角，甚至连配角都算不上，他们已经“沦落”成为一种辅助工具，目的是托起真正的主角——道具，如《云龙戏水》中的云和龙、《韵绕青萝》中的龙和笛子等，并辅助其表演，如龙喷水。

3. 对“屏”和“飘”的训练

对“屏”和“飘”的训练主要表现在表演能力、平衡能力和胆量的训练等方面。

（1）表演能力的训练。

“屏”和“飘”是通过装扮成戏曲人物形象来塑造古代戏曲、小说或民间故事中的人物形象或表现某个故事片断的，因此在飘色巡游表演的过程中，演员们要反复进行相关角色和情景的表演。为了取得理想的表演效果，在正式巡游表演前，飘色艺人会按照戏曲表演的基本要求以及每板飘色的规定情景和人物角色的特殊要求对“屏”和“飘”们进行表演能力的训练，包括一些基本的表情、神态、身段和动作的表演等。

（2）平衡能力和胆量的训练。

“屏”和“飘”是固定在色柜上被人抬着表演的，表演过程中必然有晃动，需要演员具备一定的平衡能力。特别是“飘”要在离地3米左右的高空表演，晃动的幅度更大，对演员的平衡能力要求更高。虽然在挑选演员的时候，有的小孩儿并不怕摇晃，但是真到了巡游表演的时候，却会临阵胆怯，打退堂鼓。因此，为了飘色表演的顺利进行，飘色艺人们都要事先对“飘”们进行一段时间的专门训练，把他们吊在半空中左摇右晃，让他们适应高空与摇晃的环境，这样到正式表演时，他们才能做到临危不惧、神情自若，甚至瞌睡一来还能安然入睡。

4.“屏”和“飘”的安装

“屏”和“飘”都要先安装到色梗上并确保安全后才能表演。为防泄露机密，“屏”和“飘”安装过程通常在秘密地方或确保没有无关

齐心协力安装“飘”（《独占鳌头》）

《独占鳌头》中的“飘”（安装后）

“飘”安装前（《冰剑寒梅》）

《冰剑寒梅》中的“飘”（安装后）

人员特别是竞争对手的情况下进行。“屏”因为就在色柜上，离地面较低，安装相对容易。而“飘”因为要在离地3米左右的空中安装，飘色艺人要先抱起“飘”才能将其安装到色梗上，如果安装得不好还要拆下重装，因此比较费时费力，往往需要多人配合才能完成。

（三）色梗

色梗就是连接色柜及“屏”和“飘”的经过精心锻造的钢条。它是整板飘色的灵魂与关键，飘色的成败就取决于色梗设计与制作的成功与否。

1. 色梗的规格

传统的色梗通常长1米左右，粗7～10厘米。色梗不能太长，也不能太短；不能太粗，也不能太细。因为“飘”是在色柜上方表演的，色梗太长则势必增加“飘”的高度，从而加剧“飘”的摇晃程度，给演员表演带来风险；相反，色梗太短则不能拉开“飘”与“屏”的距离，使二者过于接近，没有相对独立和宽松的表演空间，势必使演员的动作受限，在布局上也不能产生错落有致的美感。另外，如果色梗太粗，容易被人看破，没有了神秘感；相反，如果色梗太细，又容易变形甚至折断，不能保证演员的安全。因此，色梗的长短与粗细不是随心所欲的，要符合力学与美学的原理，体现了古代飘色艺人的聪明才智。

2. 色梗的设计与锻造

早期色梗的制作是飘色艺人与铁匠共同完成的。飘色艺人事先根据飘色板色的情节内容与结构特点设计好色梗的各种规格与样式，然后由铁匠按照这些规格与样式锻造出不同造型的色梗，最后再在色梗上加一些特定的道具装饰加以掩饰，这些特殊的色梗也被称为“艺术色梗”。

艺术色梗的造型很多，主要有动物、植物、兵器、乐器、景观及日常用品等（关于艺术色梗的造型，本书将在第八部分沙湾飘色的艺术特色部分详谈）。其中，长度稍短、形状简单的色梗只需一条钢枝，把它加热锻造成所需的规格与形状即可。长度稍长、形状曲折复杂的色梗则需要多条钢枝连接而成。为了增加钢枝（特别是两条钢枝的连接点）的强度和硬度，铁匠要把两条或多条钢枝“滚火”到临界点，再将其捶打使之变成一个整体。在没有电焊、风焊等焊接技术的古代，这一操作全凭铁匠的经验与技术，难度很大，因此有“一锤锻下，非成即废”之说。

如今，有了电焊、风焊等焊接技术的支持，色梗锻造相对容易多了，效果也比过去要好得多。色梗的强度、硬度和韧性增加了，也做得更加精致、巧妙和隐蔽了。同时，由于色梗的承重能力提高了，“屏”和“飘”的人数也可以不再受到限制，有些创新版的飘色已经由传统的“一屏一飘”或“一屏二飘”发展到了“一屏多飘”甚至“多屏多飘”，规模宏大、气势磅礴。

3. 色梗的检测与安装

为了保证“飘”的安全，色梗制作出来后还需要对它的安全性能进行检测，主要是对其承重能力及韧性的检测。传统的测试办法是将重量至少为“飘”的三倍的砖头等重物吊在色梗上并慢慢移动支点，以检测色梗的受力点变化以及能否承受等。通常一根普通的色梗可以承受 35 千克左右的重量，因此用它来支撑只有 15 千克左右的“飘”是绝对没有问题的。

色梗经过安全检测后就可以安装使用了。安装时先将色梗固定在色柜上，再将“屏”和“飘”固定在色梗上并对色梗与色柜、色梗与“屏”及色梗与“飘”的连接点加以遮掩。承重比较小的色梗固定在色柜面板上即可，而承重比较大的色梗则需要穿过面板固定在色柜的底板上。露出色柜面板的色梗通常用“屏”所穿的宽大服饰加以遮掩。色梗与“屏”或“飘”的连接点也要用“屏”和“飘”的衣袖、裤腿、裙摆或鞋子等加以遮掩，而“屏”和“飘”之间的色梗则不但不需要遮掩，反而还要故意暴露给观众看，以显示本板飘色的特点。只不过它不是直接以钢筋的原始面貌，而是以动植物或兵器、乐器等各种各样的艺术造型呈现出来，因而让人想象不到它就是将色柜与“屏”和“飘”连接成为一个坚实整体并支撑“屏”和“飘”，辅助其完成飘色表演的艺术色梗。

六、扮古演今

——沙湾飘色的板色内容

据记载，沙湾飘色的传统板色共有200多个，现今已挖掘整理出来的有近百个，其中仍在经常表演的有40多个。这些板色的题材大部分取自古典戏曲、小说、民间传说及神话故事，表现了人们惩恶扬善、除暴安良、济贫扶弱的朴素思想和祈求风调雨顺、吉祥如意、平安团圆的美好愿望。近年来，沙湾飘色艺人不断改革和创新，一方面继续挖掘传统题材，另一方面又不断开发现实题材，创造出了一批反映现代社会重大事件和沙湾本土风情的新板色。

（一）取自古典戏曲或小说的板色

沙湾飘色中取自古典戏曲或小说的板色最多，如今仍在经常演出的有《昭君出塞》《游龙戏凤》《鱼仙得道》《月满良宵》《千里传书》《桂英招亲》《珍珠彩塔》《冰剑寒梅》《梅开二度》《哪吒伏魔》《赵云救主》《三取珠旗》等。

1.《昭君出塞》

《昭君出塞》

《昭君出赛》是“2005年最受欢迎十板飘色”之一，取自同名戏曲故事。汉代宫女王昭君（在元代马致远的杂剧《汉宫秋》中，王昭君是汉元帝的爱妃）奉皇命远赴匈奴和亲，出嫁路上，因思念故土而弹奏琵琶。琵琶声悲切、哀怨、缠绵。王昭君嫁到匈奴后，不负朝廷期望，力促和平，努力维系胡汉关系，避免了残酷的战争，成为后世歌颂的亲善大使。本板飘色表演的正是王昭君在远嫁匈奴途中身着胡服弹奏琵琶，聊解思乡之情的片段。飘色的艺术造型为身穿胡服（用一条白色的貂尾装饰来象征）坐在色柜上的“屏”（王昭君）正弹奏着琵琶，琵琶的手柄上立着一个身穿胡服的小人塑像，小人左肩上有一面小鼓，“飘”则单腿站在这个小鼓上。

2.《游龙戏凤》

《游龙戏凤》是“2005 年最受欢迎十板飘色”之一，取自同名粤剧故事。乾隆皇帝微服出巡游历江南，途经龙凤店歇息品茶，巧遇美丽纯朴、冰雪聪明的村姑凤姐，便以轻薄之言相戏。凤姐不为名利所动，以尖刻讥讽之语驳斥，令乾隆啼笑皆非、尴尬收场。本板飘色通过茶盘、茶壶及倒茶水之“人”的道具，向人们展现了乾隆皇帝一边品茶一边调戏凤姐的情景。空中小童（乾隆皇帝）“调戏”的动作和嬉皮笑脸的表情神态，则夸张地表现了乾隆皇帝的轻浮与尴尬，喜剧效果非常突出，引人发笑。飘色的艺术造型为站在色柜上的“屏”（村姑凤姐）左手持扇，右手托着一个茶盘，茶盘上有一个身穿红衣，腰系围裙的茶倌，茶倌正双手抱着一个巨大的茶壶，向茶盘里的茶盅倒水。“飘”（乾隆皇帝）右手摇扇，用左脚单腿站立在茶倌的肩上。

《游龙戏凤》

3.《鱼仙得道》

《鱼仙得道》取自戏曲故事《追鱼》。书生张珍与金丞相之女牡丹小姐幼年订婚，后张珍因父母亡故，投奔金府。金丞相见其贫穷，令其独居碧波潭畔草庐读书，以等待机会向其退婚。深居碧波潭内的鲤鱼精见张珍纯朴多情，于是变作牡丹小姐与之相会。两人情投意合，真心相爱。不久，真假牡丹相遇，鲤鱼精事情败露，真假牡丹、真假包公大闹金府。金丞相情急之下奏明圣上，请张天师调遣天兵天将捉拿张珍和鲤鱼精。鲤鱼精见事危急，将自己的身世告诉了张珍。张珍得知真相，更爱鲤鱼精。正在危难之机，观音菩萨赶来喝退天兵天将，表示愿渡鲤鱼精往南海继续修炼。但鲤鱼精因与张珍真心相爱，不愿为仙，忍痛拔下身上的三片金鳞转为凡人，与张珍结成夫妻。本板飘色巧妙地通过花篮里的一尾鲤鱼（象征鲤鱼精）向观众讲述了这个动人的神话故事。飘色的艺术造型为站在色柜上的“屏”左手拿扇，右手挑着一根竹竿，竹竿上挑着一只花篮，花篮里装着一尾鲤鱼；“飘”则用右脚单腿站立在花篮的提手上。

《鱼仙得道》

4.《月满良宵》

《月满良宵》取材自元代王实甫的戏曲名著《西厢记》。书生张君瑞（即张生）上京赶考途中游览白马寺，巧遇崔相国之女崔莺莺及丫鬟红娘。张生对莺莺一见钟情，并借朋友之力解了“白马之围”，但由于崔夫人的悔婚，崔张二人不得成婚。后来张生在红娘的鼓励和帮助下，约莺莺于月圆之夜相会。但莺莺碍于封建礼教，迟迟未至。张生对月怀人，吟诗一首：“月色溶溶夜，花阴寂寂春。如何临皓魄，不见月中人。”最后，在红娘的撮合下，崔张二人终得相会，共度良宵。本板飘色用一只玉兔头顶一个圆形的类似琥珀的道具，表现了圆月当空的意境，表达了人们希望人月两圆的美好愿望。飘色的艺术造型为站在色柜上的“屏”（崔莺莺）左手持扇、右手持箫，箫上有一根树枝，树枝上有一只玉兔，玉兔头顶着一个圆月形状的绿色玉佩，

《月满良宵》

"飘"（张生）则用右脚单腿站在玉佩上。

5.《千里传书》

《千里传书》取材自戏曲故事。某书生高中状元，被丞相看中，欲招为婿，而书生深爱家中娇妻，婉拒丞相。丞相为此纠缠不休，书生闷闷不乐，遂借信鸽把家书捎与千里之外的爱妻，以表白其忠贞不渝的心迹。本板飘色的艺术造型为站在色柜上的"屏"（书生妻）左手持扇、右手举着一个笔筒，笔筒上站着一只白鸽（信鸽，象征飞鸽传书），"飘"（书生）则单腿站立在这只白鸽上。

《千里传书》

6.《桂英招亲》

《桂英招亲》取材自古代戏曲《穆桂英招亲》。宋时，辽邦犯境，摆下天门阵。杨宗保奉父命，带孟良、焦赞到山东穆柯寨取降龙木以助破阵。女寨主穆桂英有勇有谋且多情明理，打败宗保后却又爱上宗保，于是主动暗示手下向宗保提亲。刚开始宗保宁死不从，桂英得知后亲自找到宗保并动之以情，晓之以理。后来，宗保深感桂英深明大义、热爱家国，欣然接受招亲。本板飘色的艺术造型为站在色柜上的"屏"（穆桂英）身穿武服，头插翎子，左手抓着翎子，右手握着一支长枪；"飘"（杨宗保）则手握长枪（两枪交叉连接）双脚悬空与"屏"激战。

《桂英招亲》

7. 《珍珠彩塔》

《珍珠彩塔》取材自戏曲《珍珠塔》。穷书生方卿，赴襄阳向姑母借贷，被姑母嘲讽羞辱，愤而离去。表姐陈彩娥追赠传家宝珍珠塔；姑丈陈培德得知方卿有志气，也追赶方卿并将女儿彩娥许配给他。方卿回家路上，宝塔被劫，性命垂危，幸遇毕知府相救，收留府中攻读，后应考高中状元，任七省巡按。回乡省亲时，方卿顺道去襄阳，为试探姑母态度，遂化装成道士再访陈府，将姑母奚落一番，终被姑丈识破，于是和彩娥完婚。本板飘色的艺术造型为站在色柜上的“屏”（陈彩娥）右手托着一个宝塔，“飘”（方卿）则用右脚单腿站在塔尖上。

《珍珠彩塔》

8. 《冰剑寒梅》

《冰剑寒梅》取材自粤剧《无情宝剑有情天》。琴娘与萧郎朝夕相见，已结白头之约，却被王爷看中。后萧郎得知琴娘父亲乃十八年前杀其全家的凶手，决心报此仇，但为琴娘所挡，左右为难。“剑锋冰冷无情，梅花坚贞不屈”，与剧情一样，本板飘色勉励人们要不畏邪恶势力与艰难险阻，百折不挠，努力追求美满幸福的生活。本板飘色的艺术造型为站在色柜上的“屏”（琴娘）右手举着一把宝剑，宝剑上挑着一枝腊梅，“飘”（萧郎）则单腿站在腊梅花枝上。

《冰剑寒梅》

9.《梅开二度》

《梅开二度》取材自粤剧《二度梅》，讲述的是梅良玉和陈杏元的爱情故事。唐德宗时，胡人犯境，主战派御史梅魁被奸臣卢杞陷害。其子梅良玉被迫改名换姓，逃亡扬州，在父亲生前好友原尚书陈东初家当花匠。梅魁周年忌辰之日，陈东初携其女陈杏元与子陈春生到梅园祭奠。陈东初得知花匠就是梅良玉，便将陈杏元许配给他为妻。正当完婚之日，卢杞奉旨前来，命陈杏元即日和戎，以息干戈。陈杏元被逼与梅良玉在重台依依惜别，后以身殉节，投河自尽，幸被都察使邹伯符之女邹云英救起，带回家中休养。梅良玉亦在归途被邹伯符收留，在邹家攻读。几许曲折，夫妻二人终于大团圆，陈家的梅花当日重开。秋闱应试，梅良玉高中状元，终报父仇。本板飘色的艺术造型为站在色柜上的“屏”（陈杏元）右手托着一个腊梅盆景，“飘”（梅良玉）便单腿站在梅花枝条上。

《梅开二度》

10.《哪吒伏魔》

《哪吒伏魔》是“2005年最受欢迎十板飘色”之一，原名《哪吒战石矶》，取材自明代神魔小说《封神榜》。哪吒肩挎乾坤伏魔圈，腰缠混天绫，手持火尖枪，脚踏风火轮，大战女妖石矶娘娘，表现了古代人们不惧邪恶势力、顽强斗争的精神。本板飘色的艺术造型为站在色柜上的“屏”（石矶娘娘）手持短剑，“飘”（哪吒）手持长枪、脚踩风火轮悬空与石矶娘娘交战。

《哪吒伏魔》

11.《赵云救主》

《赵云救主》取材自明代罗贯中的长篇小说《三国演义》。曹操取荆州，刘备败走夏口。赵云在解救甘夫人失败后，怀抱刘备之子阿斗（刘禅）力战群雄，终于将阿斗平安交给刘备。本板飘色的艺术造型为“飘”（赵云）头戴翎子，怀抱婴儿（道具），双脚悬空，手持长枪英勇作战的情形。色柜上的布景也是本板飘色的一大亮点，城楼及城楼四周的城墙上插满了写有“赵”字的帅旗，一下子就把观众带到了战火纷飞的古战场。

《赵云救主》

12.《三取珠旗》

《三取珠旗》是“2005 年最受欢迎十板飘色”之一，全名《狄青三取珍珠旗》，取材自清代小说《五虎平西》。北宋名将狄青为借取杀敌制胜的法宝珍珠旗，与鄯善国双阳公主连番斗智斗勇，最后二人喜结良缘。双阳公主持旗助夫抗敌，屡建奇功。本板飘色的艺术造型为站在色柜上的“屏”（双阳公主）与双脚悬空的“飘”（狄青）长枪短剑作战的场面，演员的翎子与靠旗使“屏”和“飘”都显得格外英武。

《三取珠旗》

（二）取自民间传说或神话故事的板色

沙湾飘色中取自民间传说或神话故事的板色也比较多，至今仍经常出色的有《独占鳌头》《三田和合》《三仙大会》《仙女散花》《云龙戏水》《净洒人间》《嫦娥奔月》等。

1.《独占鳌头》

《独占鳌头》是“2005年最受欢迎十板飘色”之一，取材自民间传说。某英俊书生赴京赶考，途经女儿岛，被一群女子纠缠，幸得鳌鱼相救渡海而去。书生考取状元后，被册封为文魁星，衣锦还乡途中面谢鳌鱼相救之恩，将获赐红、黄二简挂于鳌头上。鳌鱼得知书生高中后也十分高兴，让书生立于其头上并与之一起翩翩起舞。成语“独占鳌头”便源于此。本板飘色的艺术造型紧扣民间传说的故事内容，不仅让“状元”站在富贵竹（寓意富贵）上的“鳌头”上，还在色柜上摆放了一条大大的红色鳌鱼提示观众。

《独占鳌头》

2.《三田和合》

《三田和合》是“2005年最受欢迎十板飘色”之一，取材自《神仙列传》。佛家传说，观音收服了红孩儿，令其改邪归正，收归座下改名“善财童子”，日行善事造福人间。本板飘色艺术造型的最大特点是突破了传统沙湾飘色的“一屏一飘”，为“一屏二飘”，颇为新颖，且色彩鲜艳、寓意美好（世代生息，繁衍不断），因此一直深受百姓的喜爱。

《三田和合》

3.《三仙大会》

《三仙大会》取材自民间传说。表现物阜年丰、娱乐升平之时，韩湘子、蓝采和与何仙姑三仙聚会，天上人间共庆团圆。三仙同为世人献上良好祝愿：祝愿人们健康长寿，并过上富足美满的生活。本板飘色的艺术造型为站在色柜上的“屏”双手举着一根竹竿，竹竿上挑着一个大花篮，“飘”则单腿站立在花篮之上。

《三仙大会》

《仙女散花》

4. 《仙女散花》

《仙女散花》又名《天女散花》，取材于民间传说。有一天，玉帝的七个女儿赴瑶池为王母祝寿，途中遍撒鲜花，忽闻人间锣鼓喧天，于是下望人间，但见一派风调雨顺、升平盛世之景。众仙女甚感欣喜，遂把鲜花撒向人间，为勤劳的人们增添喜气。本板飘色以花点题，让“飘”踩在花枝上，同时，“屏”手持的竹枝下还吊着一个花篮。鲜艳、美丽的花朵寄予了人们对国泰民安的美好生活的向往之情。

5. 《云龙戏水》

《云龙戏水》取材自民间传说。龙是华夏子孙崇拜的图腾，是人们构想的能翻云覆雨的祥瑞动物。云龙戏水，普降甘霖，雨泽万物，表达了人们在农业生产过程中祈求风调雨顺、五谷丰登的美好愿望。本板飘色艺术造型为站在色柜上的“屏”左手持扇，右手托着一片祥云，祥云之上有一条树枝，树枝上盘着一条祥龙，祥龙的口里不时喷出阵阵水花，而“飘”就站在云龙之上。本板飘色的最大看点就在于它的道具和布景：有云，有

《云龙戏水》

龙，而且龙还在时不时地喷水，形象地表现了“云龙戏水”的主题。

6.《净洒人间》

《净洒人间》取材自民间传说。圣洁的观世音菩萨不忍芸芸众生的家园日遭污染，携童子下凡，施展法力荡涤尘世中的浑浊与邪恶，拂去尘土，为人间添美善，更心怀慈悲地劝谕世人，要同心协力缔造一个和谐、优美的生活环境。本板飘色的艺术造型为站在色柜上的“屏”（观音）身穿白色观音装，头戴观音兜，手持一柄洁白的麈尾，麈尾上有一枝含苞待放的红莲；“飘”则单脚站立在红莲之上。飘色表达了人们对没有污垢的美好家园的向往。

《净洒人间》

7.《嫦娥奔月》

《嫦娥奔月》取材自远古神话传说，是我国古代十大爱情故事之一。据《淮南子》载，后羿到西王母那里求来了长生不死之药，却全部被嫦娥偷吃，带着玉兔一起飞到月亮上去了。嫦娥奔月以后，独自一人，倍觉孤独、凄凉。本板飘色通过玉兔和宫灯表现了嫦娥在月宫中只有玉兔和青灯相伴的孤独、寂寞与悔恨。

《嫦娥奔月》

（三）反映现代社会重大事件或沙湾本土风情的板色

近年来，反映现代社会生活和重大事件，特别是沙湾本土风情的板色越来越多，几乎每次都有新板色，如反映奥运题材的《相约2008》《体育之光》《囊括七雄》《为国争光》《跨越巅峰》《奥运之

光》《三连桂冠》，反映航天题材的《神州追月》，反映民俗活动与杂技水平的《脚踏刀梯》《青云直上》，反映家乡风貌的《江山秀色》《和气夫妻》《嫦娥思乡》，反映沙湾风情的《龙腾狮跃》《奶香飘飘》《赛龙夺锦》《雨打芭蕉》《古镇琴音》《古镇神韵》《韵绕青萝》等。其中比较有影响的代表作品有《奥运之光》《脚踏刀梯》《赛龙夺锦》《雨打芭蕉》《古镇琴音》《韵绕青萝》《古镇神韵》等。

1. 《奥运之光》

《奥运之光》是反映奥运题材的板色，创意来自北京奥运。中国成功申办2008年奥运会，举国欢腾，圆了中国人的百年奥运梦。本板飘色与传统飘色的最大不同就是“屏”和“飘”穿的不是戏服而是运动服，脖子上都挂着一块“金牌”，彰显了运动的主题，表达了对奥运健儿夺金的美好祝愿。本板飘色的色梗设计非常巧妙，由乒乓球、球拍、奥运五环和一只活生生的小白鸽组成，充满了奥运色彩。乒乓球是我国的国球，运动员经常在各大国际赛事中夺冠，将乒乓球的元素用在飘色中，表达了国人的骄傲、自豪与对奥运健儿继续拼搏再创佳绩的期盼和鼓励；象征着和平的小白鸽更是传递了“和平、友谊、发展”的奥运理念。而各种道具的层层叠加，又象征了“更快、更高、更强”的奥运精神。总之，本板飘色设计新颖、主题鲜明，充满了时代感，是一个非常成功的作品。

《奥运之光》

2. 《脚踏刀梯》

《脚踏刀梯》是反映民俗与杂技的板色，创意来自我国广东、湖南、贵州等地的黎族、苗族、瑶族、

《脚踏刀梯》

傈僳族等少数民族的“上刀梯”（或称“上刀山”“刀杆节”）民俗活动，反映了我国杂技艺术的高超水平。在本板色中，一个“杂技演员”赤脚“踩”在锋利的刀梯上，险象环生，让观众不禁对演员的胆量与技巧由衷赞叹。

3.《赛龙夺锦》

《赛龙夺锦》是反映沙湾本土风情的板色，创意来自同名广东音乐作品《赛龙夺锦》。广东音乐《赛龙夺锦》为清代中叶沙湾北村人何博众原创，反映沙湾的赛龙舟习俗，其曲震撼人心、催人奋进，后经其孙何柳堂等人加工整理，广为流传，成为广东音乐之经典。本板飘色设计为“屏”手托一条龙舟，龙舟上有一个战鼓，鼓上立着一个奖杯，奖杯之上站着一个春风得意的龙舟健儿，象征着龙舟健儿经过紧张激烈的拼搏后勇夺桂冠。通常，在本板飘色之后，还有一柜八音锣鼓紧随吹奏广东音乐《赛龙夺锦》，飘色与音乐相得益彰，蕴含着浓郁的沙湾风情。

《赛龙夺锦》

4.《雨打芭蕉》

《雨打芭蕉》是反映沙湾本土风情的板色，创意来自同名广东音乐《雨打芭蕉》。广东音乐《雨打芭蕉》是清中叶沙湾人何博众原创的音乐作品，经其孙何柳堂等人整理加工后，将音乐特色表现得更加淋漓尽致，成为流传至今的广东音乐名曲。音乐描写了沙湾春雨润泽蕉林的自然风光与万物欣欣向荣的场景。本板飘色的艺术造型为色柜上栽着一棵芭蕉树，坐在色柜上的“屏”正在芭蕉树下弹奏广东

《雨打芭蕉》

音乐重要乐器之一的月琴，月琴上还连着一支箫；“飘”则单脚站在这支箫上。飘色紧扣音乐主题，用茂盛的芭蕉树和优雅的横箫（或笛子）、月琴等广东音乐器具做道具，形象地再现了《雨打芭蕉》这一广东音乐名曲主题与雨打芭蕉的乡村生活图景。

5.《古镇琴音》

《古镇琴音》是反映沙湾本土风情的板色。古镇即指有着 800 多年历史的沙湾镇。沙湾人音乐素养很高，在广东音乐上创作颇丰。沙湾民众也很喜欢粤剧、粤曲，有很多“私伙局”。本板飘色要表现的就是沙湾古镇在音乐方面的成就，用沙湾最常见的芭蕉叶来代表沙湾，用月琴来代表沙湾的广东音乐、粤剧与粤曲等文化艺术，反映了沙湾人的文化品位与艺术追求。飘色的艺术造型为站在色柜上的“屏”左手持扇，右手握着一枝芭蕉叶，芭蕉叶上立着一把月琴；“飘”则单腿站在月琴之上。

《古镇琴音》

6.《韵绕青萝》

《韵绕青萝》是反映沙湾本土风情的板色。沙湾背靠青萝山，因此“青萝”就成了沙湾的别称。沙湾早有《笛奏龙吟》的乐曲和板色。板色通过长笛和盘绕在长笛上不断喷水的“小银龙”，生动形象地表现了李白诗中“笛奏龙吟水，箫鸣凤下空”（《宫中行乐词·其三》）的诗意。本板飘色后改名《韵绕青萝》，在继承原飘色内容与意境的基础上增加了沙湾（青萝）的元素，将音乐与沙湾联系起来，使飘色的内涵更加丰富，更加生动形象

《韵绕青萝》

地表现了沙湾在广东音乐创作和演奏方面的深厚底蕴，赞颂了“乐韵萦绕青萝乡”的优秀文化传统，表达了对家乡沙湾的热爱与赞美之情。

7.《古镇神韵》

《古镇神韵》是反映沙湾神韵的板色。作品的创意主要以沙湾镇作为“中国历史文化名镇”的特色文化品牌为基础，集多种本土传统民间文艺形象于一体，突出表现了与沙湾有关的广东音乐《雨打芭蕉》、粤剧故事《游龙戏凤》、民间传说《三田和合》、沙湾兰花、沙湾古建筑牌坊以及沙坑醒狮舞等文化艺术元素以及奥运英雄的光辉形象（沙湾出了奥运冠军陈燮霞），充分展示了沙湾的岭南特色以及作为“中国历史文化名镇”与“中国民族民间艺术之乡”的独特的文化底蕴与艺术魅力。

《古镇神韵》

综上所述，从扮古演今的一板板沙湾飘色中，我们既清楚地感受到古代生活的气息，也真切地“触摸”到现代社会的脉搏。我们不但看到了沙湾的昨天，也看到了沙湾的今天和明天。徜徉在沙湾飘色的艺术世界中，我们不免有一种忽古忽今、亦真亦假的幻觉，这或许就是沙湾飘色的艺术魅力所在吧。

七、巡游街巷

——沙湾飘色的表演形式

新中国成立前，沙湾飘色通常在每年农历三月初三“北帝诞”时出色助庆。新中国成立后，沙湾飘色除了在“北帝诞”出色外，还经常在春节、国庆节等重要节日、纪念日及庆祝农业丰收或重大工程竣工时出色助庆。

沙湾飘色的主要表演形式是在大街小巷、田间地头或道观庙宇巡游，巡游队伍通常连绵两三千米，犹如一条见首不见尾的长龙；巡游过程中还穿插着各种音乐、舞蹈、杂耍等民间艺术的表演，整个过程声势浩大。

2004 年“金猴贺岁”民间艺术大巡游

沙湾飘色出游的阵式通常包括彩旗、花车、武术、龙舞、鳌鱼舞、醒狮舞、麒麟舞、兰花舞、洒净瓶和飘色表演等。如果是专为庆祝“北帝诞”而进行的出色巡游，则还要加上杠抬北帝神像巡游的环节。关于北帝神像巡游，前文已有阐述，这里着重介绍鳌鱼舞、醒狮舞、兰花舞、洒净瓶和飘色表演五种形式。

（一）鳌鱼舞

鳌鱼在民间被认为是吉祥之物，沙湾飘色巡游必有鳌鱼舞开路，以取其“独占鳌头”、吉祥有鱼（余）之意。

鳌鱼舞起源于一个美丽的神话传说。某英俊书生赴京赶考，途经女儿岛，被一群女子纠缠，幸得鳌鱼相救渡海而去。后来，书生考取状元，被册封为文魁星，衣锦还乡途中面谢鳌鱼相救之恩，将获赐红、黄二简挂于鳌鱼头上。鳌鱼得知书生高中后也十分高兴，让书生立于其头上并与之一起翩翩起舞。成语“独占鳌头”便源于此。清代，为取“独占鳌头”之吉兆，每遇秋闱考试前，读书人都要集资举办鳌鱼舞演出。演出时，锣鼓喧天，爆竹震地，每巡回一坊，即需一昼夜。后来，鳌鱼出会多为九年一次。新中国成立后，鳌鱼舞常于国庆节、春节、庆丰收等节日活动时作为助兴节目与醒狮舞、麒麟舞、飘色表演等民间艺术一起巡游表演。现在多改为不定期出会。

广东的鳌鱼舞流行于广州市番禺区、茂名市、汕头市澄海区等地。其中，番禺鳌鱼舞源自浙江省奉化县丹桂乡金鳌村，由明洪武初年到番禺屯垦的江氏始祖从原籍引入，现主要流行于石碁镇的沙涌村和沙湾镇的沙西村，以沙涌鳌鱼舞最为有名。

沙涌村的鳌鱼舞经常与沙湾飘色一起巡游表演。1983 年 2 月 19 日（农历正月初七）与沙湾飘色一起进入广州市区参加“娱乐升平庆新春”活动；1987 年与沙湾飘色一起应邀到广州参加广东省首届民间艺术欢乐节的演出；2005 年 3 月 18 日与沙湾飘色一起参加首届广州民俗文化艺术节暨黄埔“波罗诞”千年庙会，所到之处，深受欢迎。沙涌村也因鳌鱼舞于 1997 年被广东省评为“民间民族艺术之乡”，于 2000 年被文化部命名为“中国民间艺术之乡”。

沙湾西村鳌鱼舞更是经常伴随沙湾飘色巡游，其中规模比较大的有：1983 年 2 月 19 日（农历正月初七）与沙湾飘色一起进入广州市区参加“娱乐升平庆新春”活动；1986 年 9 月 18 日至 19 日与沙湾 26 板飘色应广州市东方乐园邀请参加贺中秋表演，并配合摄制了一部录像片；1994 年 4 月 13 日（农历三月初三）与沙湾飘色一起巡游表演庆祝“北帝诞”及沙湾 18 项工程竣工；1999 年 4 月 18 日（农历三月初三）与沙湾飘色一起巡游表演庆祝“北帝诞”及沙湾 13 项工程竣工；2005 年 9 月 17 日（农历八月十四）参加沙湾镇在成功申报“中国历史文化名镇”后举行的“贺中秋、迎国庆”盛大飘色巡游庆祝活动。

鳌鱼的形制、造型颇为特别。其形制为龙头鱼身，长 1 米多、高

约1米（含尾鳍部分），在用竹篾扎好的框架外贴纸后着色彩绘。其造型是高鼻、虾眼、口扁而宽阔，两侧鳃盖可开可合，背鳍像鲟鱼，腹鳍像菱角，两角扎有彩球飘带，代表得中状元披红戴花。雄鳌鱼的造型鬃金鳞，尾鳍由3个环形组成，形似“慈姑花”，俗称“虾公尾”或“葵扇尾”。雌鳌鱼的造型鬃银鳞，尾鳍似“慈姑叶”，俗称“芙蓉尾”。有时也在鳌鱼身上系红裙或绿裙以遮掩舞者的身躯。

雄鳌鱼造型

雌鳌鱼造型

舞鳌鱼时，舞者肩部承托鱼身，头部藏入鱼腹，通过肩、臂、手、肘的运动使鱼身高、低、旋、摆和鱼口开合，在锣鼓声中呈现各种舞姿。鳌鱼舞的步子以“麒麟步”为主，辅以“碎步”“弓箭步”“大跳”“铺腿”等多种变化，表演“出洞”“觅食”“吸茜”“戏水”“交尾”“散卵”“跳龙门”等程式。舞时另有一个戴着面具、披头散发、青面獠牙，左手持墨斗、右手挥朱笔的“魁星”穿插其中，左右蹦跳引逗。“魁星”舞步有“夜叉探海”“前滚翻”“侧翻”“水波浪”“望月”等招式。“魁星”幽默滑稽的引逗及“鳌鱼”左摇右摆作游动状等生动逼真的表演深受人们的喜爱。现在，引鳌的“魁星”有时也改为年轻状元扮相了。

（二）醒狮舞

狮子自古以来被认为是驱邪避害的吉祥瑞物，每逢节庆或有重大活动，各地必舞狮助庆，历代相传。

中国狮舞包括北狮和南狮。醒狮舞属于南狮。南狮由唐代宫廷狮舞脱胎而来，五代十国之后由从中原南迁的移民传入岭南地区。中原舞狮传入岭南后之所以被改称为“醒狮”，是因为中原人称狮子为“瑞狮”，而“瑞狮”的“瑞”字在广州话中与“睡”同音，将“瑞狮”念成“睡狮”既不雅观又不吉利，于是广府人便反其意而称舞狮为“醒狮”，并在舞狮时伴以响亮的锣鼓，以突出“警醒”之意。

广东醒狮出现于明代，起源于佛山。沙湾镇的沙坑醒狮便来自佛山的南海。据《番禺县志》记载，1953 年由于国家建设机场的需要，南海县（今佛山市南海区）罗村镇沙堤乡上坑村部分村民由政府安排迁移至番禺县（今广州市番禺区）沙湾东村之东，建村“沙坑”落户定居。佛山醒狮舞也因此被带到沙坑。

沙坑醒狮造型威猛，外形特点主要有：头上长角、额高且窄、面额饱满、眉精眼大（能转动）、口宽嘴突、双腮能开能合、尾巴稍短等。

沙坑醒狮

沙坑醒狮讲究桥马（步法），套路很多，酣睡、出洞、起势、过三山、上楼台、发狮威等，无不神似，还有迎宾舞、跳龙门、叠彩、采青等各式，步法有碎步、马步、弓步、虚步、行步、探步、插步、麒麟步、内外转身摆腿等。与沙湾飘色一起巡游表演时，沙坑醒狮主要是通过在陆地上做出腾、挪、闪、扑、回旋、飞跃等高难度动作，演绎狮子喜、怒、哀、乐、动、静、惊、疑八态，以此表现狮子的威猛与刚劲。

沙坑醒狮舞分为单狮舞、双狮舞和群狮舞。沙湾飘色巡游中的沙坑醒狮舞多为群狮舞，2005 年 9 月 17 日，在沙湾镇“贺中秋、迎国庆”盛大飘色巡游活动中，沙坑村的 50 头醒狮齐齐上阵，尽显风采。

据不完全统计，自沙坑龙狮团成立以来，在国际及国内比赛中共获得50多项荣誉和奖励：1997年5月，沙坑村成立醒狮团，当年12月即在全国首届南北狮王争霸赛中捧回南狮组亚军的奖杯；1998年2月，该团代表国家队在强手林立的“1998法国巴黎国际雄狮争霸赛”中勇夺冠军，迈出了“冲出亚洲、舞向世界”的第一步；1998年10月，该团又在首届苏州国际狮子节暨全国南北狮王争霸赛中获南狮组第一名；1998年12月，沙坑村被广东省文化厅授予“民族民间艺术醒狮之乡”的光荣称号；2004年12月，沙坑村被中国民间艺术家协会命名为“中国龙狮之乡”；2005年3月18日，沙坑醒狮应邀参加了首届广州民俗文化艺术节暨黄埔“波罗诞”千年庙会；2006年11月，沙坑醒狮应邀赴京为中国文联第八次代表大会、中国作协第七次代表大会联欢晚会演出，受到胡锦涛总书记等中央领导人的亲切接见；2007年沙坑龙狮团创新之作《雄师勇攀奥运——英雄刘关张》，获全国第十四届“群星奖”广场舞比赛第一名、第六届广州文艺奖“宣传文化精品奖”。

（三）兰花舞

几十个青年女子排成一个方队，身着素净、淡雅的衣裙（裤），双手提着装有兰花的小花篮，边走边舞，摆出各种造型，这就是沙湾兰花舞。

兰花舞

初次观看沙湾飘色的人往往会感到奇怪，不明白为什么在沙湾飘色这一民俗艺术类的表演活动中会有关于兰花这一植物类主题的表演。原来，兰花培植在沙湾镇已有200多年的历史，现全镇兰花栽培总面积约为300亩，有300多个兰花品种，除金嘴、银边、企黑、白墨等传统四大家兰及小桃红、银针等品种之外，还有不少近年培育的以观赏花艺、叶艺、姿型等为主的名贵品种。

沙湾兰花久负盛名，以其质优价高、上规模、上档次的特点，在沙湾镇“三高”农业发展中占有重要的地位，屡次在“全国兰展”“广东省首届兰展”“昆明世界花卉博览会”等大型比赛中获奖。2009年底，沙湾镇荣获全国首个“全国兰花名镇”称号；2010年初，在第六届中国盆栽花卉交易会上，沙湾兰花协会又捧得了全国盆花最高殊荣“金花奖”。

无论是从培植历史、种植技术、品牌知名度，还是市场占有率、经济效益等，沙湾兰花在番禺、珠江三角洲乃至广东省都有相当大的影响力，并已逐步形成具沙湾特色的兰花文化，远销国内各省市和港澳台地区，并出口到韩国、日本和泰国等国家。

综上可见，兰花早已成为沙湾的一张名片。沙湾兰花与沙湾飘色、沙坑醒狮以及广东音乐已成为沙湾的四大文化品牌。因此，兰花舞在沙湾飘色等大型巡游活动中频频亮相就不足为奇了。在飘色巡游中表演兰花舞，既丰富了沙湾飘色的内容，又为沙湾的兰花产业进行了宣传，可谓一举两得。

（四）洒净瓶

两队10岁左右的少女，梳丫鬟头、着艳服、系围裙，左手提着一个外插鲜花、内装清水或花露水的花篮形净瓶，右手持树枝蘸着清水或花露水，边走边不停地将水洒向街道和两旁围观的群众……这就是洒净瓶，是沙湾飘色巡游活动必有的环节。

洒净瓶仪式的来源可能跟观音“净洒人间”的传说有关：圣洁的观世音菩萨不忍心芸芸众生的

洒净瓶

家园遭到污染，遂携童子降临凡间，施展法力，拂去尘土，扫荡邪恶，为人间增添美善；更心怀慈悲，劝谕世人要同心协力，缔造一个和谐、优美的生活环境。

沙湾飘色巡游活动中加入洒净瓶的表演仪式，象征着洁路、避邪和如意吉祥，因此在观看洒净瓶仪式表演中，被洒水之人不但不会气恼，反而会很高兴地接受“圣水”浇身，有的还会主动示意洒水的小童洒一些水给自己，好让自己沾上一些福气。

（五）飘色表演

飘色表演是整个飘色巡游活动的高潮，通常放在最后作为压轴。

沙湾飘色阵容强大，每次都是东、西、南、北四个村的飘色队同时出色，板色都在10板以上（多时可到20多板，1958年国庆节的飘色更是多达54板）。每一支飘色队都有一面旗帜在前引领，每一板飘色前有标牌，后有罗伞、叉子和八音锣鼓（八音锣鼓的数量视飘色规模而定，有每板飘色配一柜的，也有每两到三板飘色配一柜的）。

2004年“金猴贺岁”民间艺术大巡游中压轴的飘色队伍

沙湾飘色的阵容

关于飘色的结构、内容与飘色表演的具体情形，前文已谈，下面重点介绍飘色队伍中常见的彩旗、标牌、罗伞、叉子和八音锣鼓。

1. 彩旗

飘色队伍巡游时，通常由一人担任旗手走在各支飘色队伍的最前面，彩旗上标明飘色队伍的名称。如果只在沙湾本地出色，需标明是沙湾哪个村组的飘色队。如果是代表沙湾镇出色，彩旗上则统一标明“沙湾飘色”或“沙湾飘色队”。当然了，如果沙湾镇每个村都出色，且板色比较多，不是以沙湾镇而是以沙湾各村名义出色的，也可按各村顺序编队，在沙湾飘色队大旗后再扛上各村组的旗帜。

沙湾飘色彩旗

沙东村飘色队的旗帜

沙北村飘色队的旗帜

2. 标牌

《独占鳌头》标牌

过去有头牌和色标之分，现在多合二为一，统称为标牌，用来标示各板飘色的制作（或选送）单位及飘色的名称。巡游表演时由一人双手举着标牌走在各板飘色的最前面。

标牌的形制是用长竹竿（顶端镶有金属饰物）制成一个“十”字形支架，将一块鲜艳、漂亮的绣有文字和花鸟、龙凤等图案的长方形刺绣品（左右两侧分别有一条绣有各种花纹的飘带作为装饰以增加标牌的飘逸感）固定在支架上。有时为了增加活动的喜庆色彩，还用一条长长的大红布（两端绣有各种花纹图案并缀有流苏），扎成一朵大红花覆盖在十字架的横条上边，红布条在横条左右两端打结固定后自然垂下，仿佛戏曲舞台上美人们长长的水袖，甚是好看。

标牌的主体部分分为上、下两栏，上栏横排刺绣本板飘色的制作或选送单位，下栏竖排刺绣本板飘色的名称（板色名称多为四个字，每一个字都绣有白色圈，特别醒目）。如沙湾东村吉森人造花厂的

《珍珠彩塔》标牌、沙湾南村沙湾工业公司的《月满良宵》标牌、沙湾西村番禺农村信用社的《雨打芭蕉》标牌、沙湾北村沙湾镇商会的《赛龙夺锦》标牌，等等。

沙湾东村《珍珠彩塔》飘色标牌

沙湾南村《月满良宵》飘色标牌

沙湾西村《雨打芭蕉》飘色标牌

沙湾北村《赛龙夺锦》飘色标牌

有时，飘色的制作或选送单位也标示在标牌左侧的飘带上。在2005年11月13日举行的沙湾镇第十一届体育运动会暨飘色巡游活动中所展示的为2005年最受欢迎的十板飘色，标牌上栏分两行横排刺绣“2005年最受欢迎十板飘色”字样，标牌左侧的飘带上则竖排刺绣选送单位名称。《独占鳌头》飘色的选送单位沙湾镇人民政府和沙湾飘

色协会便绣在标牌左边的飘带上。

《独占鳌头》标牌飘带上的绣字标示

用来代替罗伞的遮阳伞

3. 罗伞

受古代皇帝或官员出游的仪仗队阵势的影响，古代的飘色队伍中都有一到两把罗伞，这一习俗在如今的“北帝诞”巡游活动中仍有保留。不过，在现代沙湾飘色巡游中，多不用罗伞，而是视天气情况分别改用遮阳伞或普通雨伞，将伞绑在细长的竹竿上，由人撑着或将之固定在色柜上。

4. 叉子

叉子是用来保护空中小童或者为其传递食物、玩具等物品的必备用具。每板飘色通常配备两把叉子，以便一左一右使用。叉子通常是在长竹竿或长木棍上装铁叉头，也有全部使用不锈钢打造而成的。

有时为了漂亮或为了与本板飘色的色彩相协调，也有将竹叉或木叉漆成红色、金黄色、粉色或黑色等颜色的。

闪亮的不锈钢叉子

5. 八音锣鼓

八音锣鼓是由八音班和锣鼓柜联合演奏的一种民间艺术。

（1）八音班。

“八音班”原是一种戏曲声腔，始于陕西的秦腔（又称为“西秦腔”），明代嘉靖至万历年间传入广东，流行于珠江三角洲的广州和佛山等地及粤东的海丰、陆丰和惠来等地。其中，传入粤东的西秦腔与当地的民间艺术结合，逐渐形成了一个具有本地特色的戏曲剧种——西秦戏。

清嘉庆、道光年间，珠江三角洲地区出现了一种小型的演唱班子，因其由八名乐工组成，故名“八音班”，又因其演唱的是西秦腔，故也称为“西秦班”。

八音班人少班小，队伍精，只唱不演（不需要舞台装置和戏服、道具等），装备轻。八音班的演出因成本低，收费也较低，因而深受当地民众的欢迎。特别是八音班擅长锣鼓吹打的特点，更是迎合了当地民众喜欢热闹的心理，因此，每逢重大节日或婚嫁、祝寿、开业等喜庆场合，八音班都会被邀演出助兴。

清咸丰四年（1854 年），著名粤剧艺人李文茂起义失败后，粤剧被禁，一些粤剧伶人迫于生计加入八音班或自己组建八音班。八音班因此得以迅速发展，到同治年间达到鼎盛：演出成员由以西秦艺人为主逐渐转变为以本土的民间艺人为主；演唱腔调也由西秦腔逐步演变为本地的木鱼歌、南音等曲艺声腔和粤剧的戏曲声腔；演出规模扩大了，出现了 12 人甚至 24 人的大八音班；演出内容也丰富了，出现了有众多人物和故事情节的长篇曲目；演员分工更明确了，每位乐工既是乐师又是演唱者（通常是拉二胡的唱“旦”，弹琵琶的唱“生”，弹三弦的唱“净”，拉椰胡的唱“末”，掌板的唱“丑”等）。

（2）锣鼓柜。

珠江三角洲的民众历来有在喜庆日子敲锣打鼓、吹拉弹唱的习俗，锣鼓柜便是在这种习俗影响下形成于清康熙年间的一种民间音乐班子。锣鼓柜只是民间音乐爱好者的业余活动，一般不作职业演出，只在重大节日和喜庆日子演出助兴。流动演奏时，需由四个挑夫抬着锣鼓柜，前有帅旗引领，旁有罗伞簇拥，一路吹吹打打，好不热闹！

锣鼓柜的得名与它演出时所用道具的形制有关。所有的锣鼓柜在

演出时都必备一个木柜，柜身为长方形，长、高约四尺，宽二尺，有基、柱和檐，但没有盖。柜内装有敲击、吹奏、拉弦、弹拨等四类民族乐器。木柜制作精美、装饰华丽，基、柱和檐上雕满了栩栩如生的屋脊、人物、花鸟等图案，看上去古朴厚重。但由于各种原因，过去的锣鼓柜大多被毁，幸存下来的则成了文物，如在广州棠下和顺德均安尚有几个幸存的百年以上的锣鼓柜，有的已被保存在佛山的粤剧博物馆中。

锣鼓柜的形制

锣鼓柜（局部）上精美的雕刻

2011 年 4 月 5 日，笔者到佛山参观了佛山祖庙“北帝诞”民俗大巡游。巡游结束后，笔者在祖庙里的一个偏僻处近距离看到了刚刚参加巡游后临时停放此处的锣鼓柜。这个锣鼓柜看上去属于早期的形制，古色古香，周身上下、柜里柜外都有精美的雕刻。在柜身前部一里一外镶有两副内容完全相同的对联：“琼楼花绽一枝秀，荟萃馆传百粤音。”对联暗含了广东最早的戏行会馆——佛山“琼花会馆”之名，并对其在粤剧方面所作的贡献赞誉有加。在柜身后部底板上有一个圆孔，是用来在巡游表演时放置大鼓的。表演时演员跟在锣鼓柜后，边走边敲锣打鼓。

早期的锣鼓柜多演奏锣鼓吹打乐，后来则以演奏粤剧腔调为主。不过，锣鼓柜在表演粤剧中“生”“旦”的唱腔时不用人唱，而是用大唢呐模仿“生”腔，小唢呐模仿“旦”腔，其他乐器负责配合。锣鼓柜的演奏者多为民间艺人，演奏乐曲以大小唢呐为主调，吹奏粤曲曲牌、广东音乐、《封相锣鼓》《西秦》及《大棚》等曲目。

锣鼓柜上的对联

锣鼓柜底板上放置大鼓的圆孔

（3）沙湾飘色中的八音锣鼓。

由于八音班与锣鼓柜在乐器使用以及演出阵容、形式与内容等方面具有相同或相似的地方，因此晚清时期的八音班与锣鼓柜经常在重大节日（如春节，从正月初一至正月十九是八音锣鼓演出的高潮期）与婚嫁、祝寿、开业等喜庆场合联合演出，被人们称为“八音锣鼓”或“八音柜”。

粤剧解禁特别是粤剧复兴之后，八音锣鼓逐渐式微。抗战爆发到新中国成立后的一段时间，八音锣鼓一度沉寂。如今，人们只有在大型民俗活动中才能看到八音锣鼓艺人的表演，听到八音锣鼓的演奏。

但是，八音锣鼓始终是沙湾飘色巡游表演必有的节目，这已成为沙湾飘色表演的一个重要组成部分。在沙湾飘色的巡游表演中，通常每板或每两到三板飘色便配一柜八音锣鼓。八音锣鼓柜的数量多少视飘色规模的大小而定，1983 年在广州市举行的一次“娱乐升平庆新春”巡游表演中，共出色 26 板，配有八音锣鼓 9 柜。柜的左右两侧各装一根抬杠供两人抬柜之用；柜上装有小鼓、铜锣、铜钹、木鱼等敲击乐器；柜的两旁有人敲打各种乐器；柜的前

由两人抬着的八音锣鼓柜

后则有人吹奏唢呐。

八音锣鼓除了演奏传统的粤剧声腔及《步步高》《娱乐升平》等喜庆的广东音乐外，还经常结合各板飘色的内容来演奏，例如，在表演《赛龙夺锦》和《雨打芭蕉》飘色时，就演奏广东音乐《赛龙夺锦》和《雨打芭蕉》，使飘色与音乐的配合相得益彰。有时为了增加喜庆热闹的气氛，八音锣鼓艺人还会即兴吹奏流行歌曲或小调，如在庆祝“北帝诞”的飘色巡游活动中吹奏王洛宾的《大阪城的姑娘》等歌曲，一下子拉近了古老的飘色艺术与年轻人的距离。

八音锣鼓柜前后敲击铜钹、木鱼和小鼓及吹唢呐的艺人

沙湾飘色是一个流动的戏曲舞台，由于粤剧被禁的特殊历史原因，它上演的只能是无声的戏曲，这或多或少会让喜欢热闹的老百姓感到冷清和遗憾。然而，正是因为有喜庆、欢快、热闹的鳌鱼舞、醒狮舞和八音锣鼓等姐妹艺术的一路相伴，才使沙湾飘色的表演显得更加有色有声。

八、色艺俱佳

——沙湾飘色的艺术特色

沙湾飘色色彩鲜艳、技艺精湛，具有浓郁的岭南文化特色。

（一）色彩鲜艳

沙湾飘色的色彩十分鲜艳。飘色演员的扮相青春靓丽，服装和道具鲜艳夺目。在前文关于对“屏”和“飘”的挑选的内容中已有对演员身段和容貌条件的介绍，可知飘色演员的先天条件本身就很好，再加上演出前的精心化妆，其容貌自然更加光彩照人，在巡游队伍中格外抢眼。沙湾飘色演员的化妆采用的是粤剧的红白妆，本书将在第九部分有关飘色对粤剧化妆的吸收的内容中作详细介绍，这里重点介绍沙湾飘色演员服装和道具的色彩。

1. 着装色彩

飘色演员服装色彩的选择与其所扮角色的性别、身份、命运及飘色的主题、内容与气氛是相关的。一方面，沙湾飘色的角色多为青年男女，演员服装以青春亮丽的色彩为主；另一方面，沙湾飘色常表现喜庆、吉祥的主题，演员服装又以喜庆温馨的色彩为主。因此，沙湾飘色通常以红（粉）、黄（橙）、白等鲜艳明亮的色彩为主色调。蓝色虽然也很鲜艳，但因其与天空的颜色相近，不能很好地起到映衬演员（特别是“飘”）的效果，故一般不用。黑色和灰色等暗色调就更少用或几乎不用。

（1）红色。

红色代表喜庆、吉祥，是中国人最喜欢的颜色。红色在沙湾飘色中用得最多，主要用于表现热闹、吉祥、富贵的主题和渲染团圆、喜庆、温馨的气氛。《独占鳌头》和《三取珠旗》等飘色都是以红色为主色调。以《独占鳌头》为例，整个板色以大红为主色调，渲染了书生高中状元后的喜庆气氛，表现了当时的热闹景象，也暗示了书生今后大富大贵、红红火火的命运。特别是“飘”，全身上下都是红色的，非常符合人物此时的身份和心情。“屏”则以同样尊贵的金黄色作为陪衬，与“飘”的红色非常协调，增添了富丽堂皇的感觉。色柜上装饰的蓝色布景，既用来象征大海，让观众浮想联翩，又为红、黄二色作底衬，使整板飘色看上去更有立体感和层次感。

《独占鳌头》中身穿大红服装的状元

（2）黄色。

黄色在古代曾是帝王的专用色。戏曲服饰沿用了此特点，将黄色用于帝王服饰。沙湾飘色的服饰又沿用了戏曲服饰的传统，在有关帝王或龙的题材的板色中，演员所穿的服饰也多为黄色。如《游龙戏凤》中扮演乾隆皇帝的“飘”以及《云龙戏水》和《韵绕青萝》中扮演龙的“飘”的服色都是鲜艳、明亮又尊贵的黄色。《游龙戏凤》中的乾隆皇帝更是从头到脚都是黄色。

《游龙戏凤》中穿黄色服装的乾隆皇帝

（3）白色。

白色代表纯洁、神圣、洁净。《净洒人间》《神雕侠侣》和《游龙戏水》飘色中的“屏”所穿的服装就是白色的。《净洒人间》飘色中的“屏”身穿白衣白裙，头戴白色纱巾，手拿白色拂尘，既代表圣洁的观音，也象征人们所憧憬的美好生活与洁净的环境。《神雕侠侣》飘色中“屏”的服饰选用白色为主色调，突出了小龙女纯洁和坚贞不渝的特点；而白色的衣裙配以粉色的披肩，又塑造了小龙女飒爽英姿的侠女形象。《游龙戏水》和《云龙戏水》中的“屏”也都是一身白衣白裙，象征着纯净的甘露，形象地表现了本板飘色“求水”“戏水”的主题。

《净洒人间》中穿白色服饰的观音

沙湾飘色虽然色彩艳丽，但每板飘色一般以一种色调为主，最多有三种比较突出的颜色，不会出现颜色杂乱无章、主次不分的情况。如在《三田和合》飘色中，“一屏二飘”分别用了红（桃红）黄绿三种颜色。三种颜色错落搭配、交相辉映，在蓝天的映衬下显得更加鲜艳，烘托了和睦喜庆的气氛，很好地表现了本板飘色和谐的主题：以和为贵、和睦相处、和和美美。

《三田和合》中色彩的和谐搭配

另外，不仅飘色演员的服装鲜艳亮丽，抬色柜的轿夫以及为演员服务的后勤工作人员的服装同样鲜艳亮丽。他们的服装颜色与飘色演员的服装颜色相同或相近，款式也与飘色演员的款式特点相同或相近。

除了飘色演员和抬色柜的轿夫，飘色巡游队伍中其他表演各种吹打、舞蹈、杂耍等演员，也都穿着颜色统一的服装，不同的方阵颜色各不相同，绵延几千米的飘色巡游队伍看上去就像一条汇聚了各种色彩的河流一样。

2. 道具色彩

飘色演员表演时需要很多道具，这些道具中有动物，有植物；有兵器，有乐器；有日常用品，有体育用品……

道具不同，颜色不一。如白色的兔子、鸽子，银色的大刀、长枪、短剑，绿色的芭蕉树、富贵竹，还有五颜六色的鲜花，等等。这些道具不仅颜色鲜艳，而且设计巧妙，已不再是可有可无的纯粹的道具，而是与飘色的色梗自然地融为一体，成为艺术色梗的重要组成部分。

不仅不同的道具有不同的颜色，就是同一类道具在不同飘色中的颜色也不尽相同。仅以“屏”的道具扇子为例，在不同的飘色中，“屏”手中的扇子形式多样、五彩缤纷，为飘色增色不少，让人赏心悦目。

沙湾飘色中五颜六色的扇子

为了使飘色更加吸引观众，飘色艺人除了让演员使用鲜艳漂亮的道具外，有时还让抬色柜的轿夫也戴上鲜艳漂亮的道具。例如，在《云龙戏水》飘色中，抬色柜的轿夫们头上都戴着鲜艳的金鱼道具。这些“金鱼”非常生动形象，很好地揭示了本板飘色与水有关的主题，成为本板飘色的一个亮点。又如，在《赵云救主》飘色中，抬色柜轿夫头上的紫色仿古头盔一下子就把观众带到了三国时期的战场上。

《云龙戏水》中抬色柜人员头上的金鱼道具

《赵云救主》中轿夫头上紫色的仿古头盔

（二）技艺精湛

沙湾飘色精湛的技艺主要表现在设计的巧妙与制作的精美上。关于制作技艺的精湛，前文有关色梗的制作已有涉及，这里只谈设计技艺的精湛。

沙湾飘色设计技艺的精湛突出地表现在色梗造型设计的巧妙及演员坐兜设计的隐蔽上。

1. 巧妙的色梗造型设计

色梗就是连接并支撑“屏”和“飘”的钢枝，为了避免在飘色表演中暴露钢枝，飘色艺人需要将“屏”和“飘”之间的这段钢枝进行美化和掩饰。他们根据各板飘色中的人物形象、故事情节以及人物所处环境和所需道具的特点精心设计色梗的造型，设计出了人物、动物、植物、兵器、乐器等多种造型。各种造型巧妙组合，自然衔接，既达到了美化和掩饰色梗的目的，又增强了飘色的故事性和观赏性，使飘色艺术显得更加神秘和精彩。沙湾飘色也因此被西方人称为“东方的隐蔽艺术”。

（1）人物造型。

沙湾飘色色梗的人物造型类型多样，如《昭君出塞》中击鼓者和《游龙戏凤》中倒茶水者等。

《昭君出塞》的艺术色梗由昭君所弹琵琶、击鼓者及其所击的小鼓等三部分构成。击鼓者身穿白色衣裤，腰系红色绸带，双脚分别踩在“屏”（王昭君）正弹着的琵琶的两个手柄上，头顶着“飘”，肩扛着鼓，左手扶鼓，右手击鼓，画面颇具塞外风情，点明了昭君出塞的主题。

《游龙戏凤》中的艺术色梗由茶盘和站在茶盘上的倒茶水者构成。倒茶水者戏曲装扮，白额头、白鼻梁，身穿粉色（有时也为红色）衣裤，腰系绿色围裙，站在茶盘里，歪着头，耸着肩，双手艰难地捧着一个巨大的茶壶倒水，茶水正源源不断地从壶嘴中注入一个更加巨大的茶盅。整个造型看上去非常夸张、滑稽，与表现乾隆调戏村姑凤姐反被嘲弄的板色内容和风格非常相符。

《昭君出塞》色梗中的击鼓者造型

《游龙戏凤》色梗中的倒茶水者造型

（2）动物造型。

沙湾飘色色梗的动物造型主要有麒麟、鳌鱼、雕、鹦鹉、鸽子、龙、兔、蛇等，它们中既有想象出来的动物，如《天降麟儿》中的麒麟、《独占鳌头》中的鳌鱼、《云龙戏水》《游龙戏水》《韵绕青萝》中的龙等；也有现实中的动物，如《神雕侠侣》中的大雕、《嫦娥奔月》中的玉兔、《千里传书》《双仙赴会》《奥运之光》中的白鸽等，其中兔子和鸽子还是活物。

《神雕侠侣》中的艺术色梗由两把交叉的利剑和一只木刻大雕构成。大雕昂首展翅，双爪紧握利剑，威风凛凛，让人一望即知该板色的名称。

《嫦娥奔月》的色梗是一只白兔静卧在一盏宫灯上的造型，这一造型形象地表现了嫦娥带着玉兔奔往月宫，终日与玉兔、青灯相伴的寂寞生活。

《神雕侠侣》色梗中的大雕造型

《嫦娥奔月》色梗中的活兔

（3）植物造型。

沙湾飘色色梗的植物造型主要有树枝、树叶、花枝、竹枝等，如《冰剑寒梅》中的梅花、《独占鳌头》中的富贵竹、《飞剑伏狐》《天降麟儿》《月满良宵》《云龙戏水》中的树枝、《仙女散花》中的竹枝与花枝等，其中以带有岭南（特别是沙湾）特色的植物，如芭蕉树（叶）、富贵竹等最为常见。

《古镇琴音》飘色就是选取沙湾最常见的芭蕉叶和沙湾人常用的月琴的造型来表现广东音乐之乡——沙湾古镇的特色。

《独占鳌头》中的富贵竹既表现了状元独占鳌头后必将大富大贵的命运，也表达了人们希望富贵的美好愿望。

《古镇琴音》色梗中的芭蕉叶

《独占鳌头》色梗中的富贵竹

（4）兵器造型。

沙湾飘色色梗中的兵器造型主要是枪、剑和锏。枪都是长的，剑则有长有短。有的单用长枪，如《桂英招亲》中的“屏”（穆桂英）和“飘”（杨宗保）都用长枪。有的单用短剑，如《冰剑寒梅》《飞剑伏狐》《神雕侠侣》《游龙戏水》中的“屏”都用的是短剑。也有的既用枪又用剑，且大都是“飘”用枪，“屏”用剑，如《三取珠旗》在中的“飘”（狄青）用的是枪，“屏”（双阳公主）用的是剑，《赵云救主》中“飘”（赵云）用的是枪，“屏”用的是剑。而在《哪吒伏魔》中，“飘”（哪吒）用的是火尖枪，“屏”（石矶娘娘）用的则是金锏。这些兵器在空中交锋，闪着寒光，散发出阵阵“杀气”。

《三取珠旗》色梗中的长枪和短剑造型

（5）乐器造型。

沙湾飘色色梗的乐器造型主要有琵琶和笛（箫）等，如《昭君出塞》《古镇琴音》中的琵琶，《双仙赴会》《韵绕青萝》《月满良宵》中的笛子，而《雨打芭蕉》中的则既有琵琶，又有笛子。沙湾有着以何博众、何柳堂、何与年和何少霞等为代表的何氏家族及其高超的琵琶艺术，更有何博众、何柳堂等人以琵琶为主要乐器创作的《雨打芭蕉》《饿马摇铃》《赛龙夺锦》等广东音乐名曲，因此，《古镇琴音》和《雨打芭蕉》这两个飘色的色梗采用琵琶乐器的造型很好地突出了作为广东音乐之乡的沙湾古镇的特色。

除了人物、动物、植物、兵器和乐器等造型，沙湾飘色的色梗还有宫灯、笔筒等日常生活用品类造型及盆景、宝塔等景观类造型。如《嫦娥奔月》中的宫灯、《千里传书》中的笔筒、《梅开二度》和《双仙赴会》中的盆景、《仕林祭塔》和《珍珠彩塔》中的宝塔等。

《雨打芭蕉》色梗中的琵琶和笛子

《珍珠彩塔》色梗中的宝塔

2. 隐蔽的坐兜设计

沙湾飘色中“飘”的造型不是“金鸡独立”，就是双脚悬空，非常惊险。许多板色中的“飘”看上去都是单腿站立的，特别是《三田和合》中的“一屏二飘”三个小孩看上去是很整齐的“金鸡独立”姿势，像是在演杂技一样，而《桂英招亲》《哪吒伏魔》《三取珠旗》《赵云救主》中的“飘”全部双脚悬空，看上去更为惊险。

正因如此，第一次观看沙湾飘色的人们往往会以为这些孩子不是真人，只有当他们亲眼看到这些孩子做着各种表情、动作时，才相信眼前的这些不可思议的事情，但又随即会为这些孩子担心，既怕他们支撑不了太长时间，更怕他们一不小心摔下来。其实，这些担心都是多余的。为什么呢？因为这些看似单腿站立或双脚悬空的“飘”，以

及在色柜上“站”着的“屏”，其实都是坐着的。原来，考虑到飘色演员的年纪小，飘色表演的时间又比较长，为了孩子们的舒适与安全，飘色艺人们专门为孩子们在色梗上精心设计了一个坐兜，表演飘色时将孩子们固定在色梗和坐兜上。因此，所有的孩子都是坐着表演的，只不过这些坐兜经过艺人们的精心设计和巧妙伪装，不容易被人看出痕迹罢了。

例如，在《哪吒伏魔》板色中，观众看到头梳丫髻、眉点丹砂，颈套乾坤圈、身着红肚兜，手提火尖枪、脚踏风火轮的哪吒凌空作战，不免替他捏了把汗。实际上，色梗从色柜上的“屏”（石矶娘娘）坐的钢兜连接到她手中的金锏（这部分被“屏”的长裙遮挡），再由金锏连接到哪吒手持的火尖枪，而枪的另一端则暗接一个细小而结实的钢坐兜（同样被衣服遮掩），哪吒便稳坐兜中与石矶娘娘“奋战”。当我们知道这个奥秘后再仔细观察，就会发现哪吒的膝盖处有些突出，石矶娘娘的衣服的下摆处也显得过于宽松，这正说明他们是坐着的而不是站着的。当然，这些细节在毫不知情的观众眼中是看不出任何破绽的。

《哪吒伏魔》中悬空而立的哪吒

在反映杂技演员高超技巧的《青云直上》飘色中，从表面上看，扮演“屏”的小男孩是站着的，实际上他也是坐在一个钢兜里的，只不过这个钢兜被男孩的长裤遮挡着，人们看不见罢了。男孩右手前伸，抓着一把梯子，梯子上方站着一个酒盅大的小鸟，小鸟身上站着另一个两岁大的男童，即“飘”。这条色梗首先从色柜底板上连接到“屏”的坐兜里，然后从坐兜连到“屏”的手上，再从手上连到梯子，最后经过小鸟的翅膀连接到“飘”的坐兜上，从而支撑着上面的男孩。

为什么坐在空中的“飘”看上去不像是坐着而像是站着的呢？因为扮演“飘”的孩子年龄小，体型小，在宽松的戏服遮掩下，他们就可以很轻松地坐下来了。坐兜下方还设计有专门用来给小孩放脚的地方。因而那些踩在色梗上或悬在空中的腿脚，自然也是假的了。前面所讲的哪吒的膝盖处有些突出，那是演员因为扮演角色的特殊性穿的是窄小的裤子而非宽大的戏服。

《冰剑寒梅》中似站实坐的“屏”

《奥运之光》中似蹲实坐的“屏”

相对于“飘”而言，“屏”的年纪稍大，体型也较大，伪装的效果就不如“飘”，因而比较容易露馅。如《冰剑寒梅》中“屏”的坐姿就比较明显，而《奥运之光》中的“屏”因为穿的是运动裤，不便掩饰，其坐姿就更加明显了。

正是有了飘色艺人们精湛的设计与制作技艺，飘色演员才能在坐兜上安心表演。即使有些表演的小孩睡着了，他们也不会摔下来。2005 年 9 月 17 日沙湾镇举行的“贺中秋、迎国庆”盛大飘色巡游活动中，在《昭君出塞》中扮演“飘”的小孩实在太困了，就在几米高的空中垂头而睡，任凭观众惊呼、呐喊也不抬头，直到他睡醒了，才又继续表演。

《昭君出塞》中凌空安睡的“飘”

九、我中有你

——沙湾飘色对广府文化的吸收

沙湾飘色不是一种孤立、单一的艺术，而是一种融戏剧、音乐、舞蹈、化妆、服饰、刺绣、杂技、魔术、雕塑、绑扎和工艺美术等于一体的民间艺术。沙湾飘色从制作、装扮到巡游表演的整个过程无时无刻不在体现沙湾飘色对粤剧、广东音乐、广绣、八音锣鼓、龙狮舞、鳌鱼舞等广府民间文化艺术的吸收和融合。这里重点介绍沙湾飘色对粤剧、广东音乐及广绣等广府文化艺术的借鉴与吸收。

（一）沙湾飘色对粤剧艺术的吸收

1. 粤剧简介

粤剧，原称“大戏”“广东大戏”“广东梆黄”“广东梆子”等，是岭南三大艺术瑰宝（粤剧、粤曲、广东音乐）之一，也是广东流行最广、影响最大的四大剧种（粤剧、潮剧、广东汉剧、琼剧）之一，其流行范围遍及广东、海南、广西南部和香港、澳门等地，东南亚、大洋洲、美洲的粤籍华侨华人聚居地区也常有粤剧演出。

粤剧先后于2006年5月20日入选第一批“国家级非物质文化遗产名录”，2009年9月30日入选联合国教科文组织的“人类非物质文化遗产名录”，2010年11月27日入选“岭南文化十大名片”。

早期粤剧源自南戏，演出所用语言是被称为“戏棚官话”的中原音韵。到了清朝末期，粤剧演出所用语言逐步改为粤语（广州方言），使广府地区的人们更容易听懂，因而深受广府人的喜爱。

粤剧的传统剧目非常丰富，据统计有3 000多个，早期主要有《一捧雪》《二度梅》《三官堂》《四进士》《五登科》《六月雪》……

《十六面铜旗阵》《十七年马上王》《十八路诸侯》等18种以数字开头的所谓“江湖十八本”（这些剧名一看就有数字游戏和拼凑之嫌，倒不一定是指这18个剧目全都名震江湖）。清同治七年（1868年）以后，又有《再重光》《双国缘》《动天庭》《青石岭》《赠帕缘》《困幽州》《七国齐》《侠双花》《九龙山》《逆天伦》《和为贵》《闹扬州》《双结缘》《雪仲冤》《龙虎斗》《西河会》《金叶菊》《黄花山》所谓“新江湖十八本”，但半数剧本故事已失传。后来（同治年间）粤剧中兴，盛行“首本戏”，于是又出现了18种侧重武打的剧目：《寒宫取笑》《三娘教子》《三下南唐》《沙陀借兵》《六郎罪子》《五郎救弟》《四郎探母》《酒楼戏凤》《打洞结拜》《打雁寻父》《平贵别窑》《仁贵回窑》《李忠卖武》《高平关取级》《高望进表》《斩二王》《辨才释妖》《金莲戏叔》，此所谓“大排场十八本”，从此取代“江湖十八本”成为广东梨园主要表演剧目。据说当时伶人只要擅长其中一两出，即可成名。清光绪中叶，又出现了侧重唱功的“粤剧文静戏”，如《仕林祭塔》《黛玉葬花》《苏武牧羊》等。新中国成立后，经过整理改编的粤剧传统剧目主要有《宝莲灯》《平贵别窑》《柳毅传书》《赵子龙催归》等。

沙湾飘色深受粤剧的影响。清咸丰四年（1854年），粤剧艺人李文茂起义失败，粤剧被禁。沙湾的粤剧艺人返乡与当地的民间飘色艺人合作，“以色代戏”，将粤剧的题材内容，角色的妆饰、造型及服饰等艺术巧妙地运用于飘色的板色题材，演员的角色行当、妆饰与造型等方面。

2. 沙湾飘色对粤剧艺术的吸收

沙湾飘色对粤剧艺术的吸收主要表现在对粤剧的题材、行当、妆饰艺术及服饰等方面的吸收和借鉴。

（1）沙湾飘色对粤剧题材的吸收。

沙湾飘色最早借鉴粤剧题材的板色名目有《六国大封相》《刘邦斩蛇》《精忠报国》等，这是粤剧艺人在粤剧被禁的特殊历史背景下为抒发他们的爱国之志和反迫害之情而与沙湾飘色艺人合作创制的，现已失传。

沙湾飘色现存板色中来自粤剧题材的主要有《昭君出塞》《游龙戏凤》《鱼仙得道》《月满良宵》《千里传书》《珍珠彩塔》《冰剑寒梅》《梅开二度》等。

（2）沙湾飘色对粤剧行当的吸收。

粤剧原有十大行当：一末（老生）、二净（花面）、三正生（中年男角）、四正旦（青衣）、五正丑（男女导角）、六元外（大花面反派）、七小（小生和小武）、八贴（二帮花旦）、九夫（老旦）、十杂（手下和龙套之类），后来被精简为六柱制，即文武生、小生、正印花旦、二帮花旦、丑生、武生。这都是根据角色的年纪、性别、性格、外形等特征来分类的。“末”代表老年角色，“生”代表男性角色；“旦”代表女性角色，“净”就是性格刚强暴躁的男性角色，“丑”就是滑稽角色。

由于传统的沙湾飘色只有“一屏一飘”，而且“飘”和“屏”大多扮演古代戏曲、小说或民间传说中的男女主角，因而，沙湾飘色对粤剧的行当并非全盘吸收，而是只吸收了粤剧角色中最重要也是最吸引人的两个行当——“生”（小生、武生）和“旦”（花旦），并按照粤剧中“生”和“旦”的妆饰特点来妆饰“飘”和“屏”。而且，有些飘色尽管内容中并不涉及人物形象，但仍然用化妆成“生”和“旦”的“飘”和“屏”去表现，这就更加体现了粤剧艺术对飘色的影响。

（3）沙湾飘色对粤剧妆饰艺术的借鉴。

粤剧妆饰主要包括化妆和头饰。

粤剧化妆简练，色彩浓艳。早期的粤剧化妆流行浓脂厚粉，化妆颜色以红、黑、白、蓝、黄为主。到了20世纪20年代，粤剧艺人薛觉先把京剧、话剧及电影化妆法和传统化妆法相结合后用于粤剧化妆，使粤剧化妆转趋轻描淡扫，朴实自然。粤剧化妆最典型的就是“红白脸”，脸妆主要使用红白二色，具体化妆方法是先把整张脸涂上白色粉底，然后将眉毛以下（眉心、鼻梁除外）涂抹红色胭脂，嘴唇的口红要比脸部的胭脂更加鲜艳。

《云龙戏水》中的“屏”的“红白脸”

《独占鳌头》中的“飘”的“红白脸”

传统题材的沙湾飘色借鉴了粤剧的化妆，不管是“屏”还是“飘”，一律是“红白脸”。

沙湾飘色角色的头饰也借鉴了粤剧角色的头饰，主要有片子、头套、发髻和各种饰物等。

头饰的多少、繁简反映了角色所扮人物地位的高低。就女性而言，普通女子（如《神雕侠侣》中的小龙女、《游龙戏凤》中的村姑凤姐等）的头饰就比较简约，大户人家的千金小姐（如《鱼仙得道》中鲤鱼精假扮的金丞相之女牡丹小姐、《月满良宵》中的崔相国千金崔莺莺、《珍珠彩塔》中陈御史的女儿陈彩娥等）的头饰就比较华丽、精美，而公主、后妃（如《三取珠旗》中鄯善国的双阳公主、《拦江截斗》中刘备的夫人孙尚香）等显贵妇女的头饰则比较繁复贵重。

《游龙戏凤》中村姑凤姐的头饰

《鱼仙得道》中鲤鱼精的头饰

《三取珠旗》中双阳公主的头饰

头饰还可以反映角色的身份，如《净洒人间》中的“屏”没有像其他“屏”那样贴片子，而是在发兜（观音兜）上加入莲花和白纱帕两个象征性元素以表现观音菩萨的特殊身份。

《净洒人间》中观音菩萨的头饰

头饰还可反映角色的民族特色。如《昭君出塞》在“屏”的汉族特色的头饰上加了一条具有少数民族特色的白色貂尾，借以表现匈奴民族的特色。

头饰上还可加插翎子（俗称雉鸡尾）以表明人物武将的身份或正在打斗

的场景。如《冰剑寒梅》中的琴娘、《哪吒伏魔》中的石矶娘娘、《赵云救主》中的赵云、《桂英招亲》中的杨宗保和穆桂英、《三取珠旗》中的狄青和双阳公主等人物的头饰上都有翎子，这能使角色透出一种英武之气。

《昭君出塞》中王昭君的头饰

《三取珠旗》中狄青的翎子

（4）沙湾飘色对粤剧服饰的借鉴。

沙湾飘色对粤剧服装的吸收与借鉴主要表现在服装的款式、配件、质地与花纹上。关于沙湾飘色对粤剧服装质地与花纹的借鉴，将在下文有关沙湾飘色中的广绣的内容中一并介绍，这里只介绍沙湾飘色对粤剧服装款式的借鉴。

粤剧早期服装款式主要是模仿明代衣冠的式样并加以改良而成的。到了清朝，京剧越来越受欢迎，粤剧与京剧的交流逐渐增多，服装制度亦渐受京剧的影响。传统京剧服装可分为蟒、靠、褶、帔和衣等，传统粤剧服装分得更细，有蟒、靠、褶子、开氅、官衣、帔和衣等。

沙湾飘色对粤剧服饰的借鉴主要表现在褶子、帔、云肩、靠、靠旗、长袍、马褂、马蹄袖等服饰的运用上。

① 褶子、帔、云肩。

由于沙湾飘色的题材以爱情故事或世俗生活为主，所以，沙湾飘色中的服饰以粤剧服饰中的生活常服如褶子、帔等为主，有时配以云肩和披风。

褶子在传统戏衣中用途最广，无论男女老少、贫富贵贱、文人武士都通用，既可单穿，也可作为蟒袍和帔的衬衣。

粤剧中的男褶子通常为大领、大襟。襟比较长，有时甚至长及脚面，有水袖，分花色和素色两种。花色褶子以彩线绣成鸟兽花草等图案，素色褶子以蓝色、黑色者为多。

沙湾飘色中的褶子都是花色褶子。如扮演书生的“飘”（如《珍珠彩塔》中的方卿）所穿的都是花色褶子，基本上没有纯蓝色或纯黑色的褶子。即使偶尔用了与天空相近的蓝色，也必定刺绣其他鲜艳的色彩予以搭配和衬托（如《月满良宵》中的张生的蓝色褶子），这也再次表现了沙湾飘色色彩鲜艳的特点。

《珍珠彩塔》中的褶子

《月满良宵》中的褶子

粤剧中的女褶子与男褶子款式有些不同，分大襟和对襟两种。大襟多为素花，为老年妇女所穿；对襟多绣鲜艳的角花，是小姐的便服。高领青素褶子，又叫“青衣”，是剧中贫苦妇人穿的。

沙湾飘色都是表现欢乐、喜庆、吉祥的主题，不演悲苦题材，而且人物多为青年男女，所以沙湾飘色中扮演年轻女性的“屏”所穿的女褶子大多是鲜艳的对襟褶子，不过在褶子外面通常还套有一件鲜艳的帔，披上缀有流苏的云肩。

《月满良宵》中的帔、褶子和云肩

帔，就是从明代的褙子变化而来的绣着各种花纹的大领对襟长袍，比褶子短，通常只到膝部。因此，褶子通常不现出全貌而只是露出不被帔遮挡的最下面的一段。如《月满良宵》和《云龙戏水》等飘色中的“屏”都是一样的打扮：里面穿长褶裙，外面穿齐膝的帔，肩上披着带有流苏的云肩。

② 靠、靠旗。

沙湾飘色中涉及战争题材的板色也较多，因而服饰中不乏采用粤剧服装中的武服——靠。但由于沙湾飘色的“屏”与“飘”的性别与位置的分配特点，沙湾飘色以“屏”穿靠为多，故沙湾飘色中的武服也以女靠为主。

《三取珠旗》中的大靠和靠旗

女靠又有女大靠和女小靠之分。

女大靠，圆领，束袖，头戴七星额或女帅盔，配翎子，背后可插四面三角形小旗（也称“靠旗”，源于古代战争中的令旗）。靠身下缀彩色飘带，靠内并衬战裙。一般用各色绒线及金银线绣江牙、风纹、甲纹等图案。如《三取珠旗》飘色中的双阳公主身穿红色女靠，背插四面红色靠旗，右手握剑，左手抓着长长的翎子，样子非常威武神勇。

《桂英招亲》中的小靠

女小靠，圆领，束袖，束腰，配云肩，下身分前、后、左、右四幅，不用靠旗，故也称“软靠”。一般用彩色绒线及金银线绣凤凰、牡丹花等图案。全套衣服边沿缀排穗，头戴横小额子、七星额或女帅盔，可配上翎子或短缕。《桂英招亲》飘色中的穆桂英正是身穿小靠，束袖，束腰，配云肩，下身分前、后、左、右四幅，右手紧握长枪，左手玩弄长翎，一副游刃有余、不屑一战的样子。

③ 长袍、马褂、马蹄袖。

粤剧服饰的款式比较杂，既有明朝的，也有清朝的。沙湾飘色的服饰借鉴了粤剧服饰，大多是明朝服饰，但有时也采用清朝的服饰。

如《雨打芭蕉》中的“屏”所穿的就是清朝服装中比较典型的长袍和马褂，而《游龙戏凤》中扮演乾隆皇帝的“飘”所穿的则是清朝满族服饰中别具特色的马蹄袖。

《雨打芭蕉》中的长袍、马褂

《游龙戏凤》中的马蹄袖

（二）沙湾飘色对广东音乐的吸收

1. 广东音乐简介

广东音乐又称“粤乐”，是以广东民间曲调和部分粤剧音乐、牌子曲为基础发展和完善起来的民间音乐，具有浓郁的岭南地方特色。广东音乐起源于19世纪中晚期珠江三角洲地区的沙湾，沙湾也因此于2000年5月18日在江苏省昆山市正仪镇召开的“中国民间艺术之乡”命名大会上被文化部命名为“广东音乐之乡”。

广东音乐的演奏乐器早期以民族乐器中的琵琶或扬琴为主，辅以箫、筝、椰胡、二胡、三弦等。民国初年逐渐形成三种基本乐器组合：一是二弦、竹提琴、三弦（或月琴）的“三架头”硬弓组合；二是以唢呐为主奏配以打击乐器；三是洞箫、椰胡、琵琶（秦琴）的组合。到20世纪20年代，作曲家们受到西方乐器的启发，把二胡的丝弦改为钢弦，创出粤胡（又称高胡），同时改良扬琴，加入琵琶（或秦琴），形成软弓“三架头”组合。到20世纪20至40年代，广东音乐的作曲家们又尝试使用数十种西洋乐器与中式民族乐器合奏，并从中筛选出小提琴、萨克斯管、电吉他和木琴等几种，使广东音乐音色变化更丰富，表现力更强。广东音乐这种中西文化融合的特色使其在我

国地方民间音乐中占有重要的地位。

广东音乐的代表人物是清末民国初沙湾“何氏三杰”（何柳堂、何少霞、何与年），他们整理加工了《雨打芭蕉》《赛龙夺锦》《饿马摇铃》等享誉海内外的不朽名曲。此外，广东音乐的代表曲目还有《娱乐升平》《步步高》《平湖秋月》《双星恨》《双飞蝴蝶》《旱天雷》《连环扣》《孔雀开屏》《金蛇狂舞》等。其中《娱乐升平》《步步高》等更是经常作为各地联欢晚会（包括中央电视台的春节联欢晚会）、颁奖典礼等大型喜庆活动的背景音乐而家喻户晓。

沙湾飘色对广东音乐艺术的吸收主要表现在两个方面：一是创作了以广东音乐为题材的新板色，二是直接用广东音乐给相关的飘色巡游表演伴奏。

2. 沙湾飘色对广东音乐的吸收

（1）沙湾飘色板色中的广东音乐题材。

沙湾飘色中以广东音乐为题材的板色最具代表性的有《雨打芭蕉》和《赛龙夺锦》。

①《雨打芭蕉》。

广东音乐《雨打芭蕉》是何博众原创的作品，后经其孙何柳堂等人的整理加工，成为流传至今的不朽名曲。乐曲描写了春末夏初细雨润泽蕉林的南国风光，通过音乐短句描绘了雨点打在芭蕉上的各种情态，细腻之处让人仿佛听到了淅淅沥沥的雨点打在肥厚的蕉叶上犹如大珠小珠落玉盘的清脆声音，看到了晶莹的雨珠滑过硕大的蕉叶雨花洒落一地的情形。与《步步高》《娱乐升平》等音乐的欢快和狂放的风格不同，《雨打芭蕉》有一种田园式的舒适和宁静。

沙湾飘色《雨打芭蕉》把音乐和飘色结合起来，通过在色柜上布置的一棵芭蕉树暗示本板飘色与芭蕉有关，又通过扮演“屏”的男孩正在弹奏的琵琶，暗示本板飘色与音乐有关（也有的板色是通过在“屏”举起的一片芭蕉叶上放置一把琵琶来表现主题），通过芭蕉和琵琶两个元素，鲜明地突出了沙湾的自然环境与人文环境特色，让人一看到本板飘色就自然想到了沙湾的蕉林以及沙湾的名曲《雨打芭蕉》。《雨打芭蕉》表现了沙湾人对家乡的热爱之情与自豪感。

②《赛龙夺锦》。

广东音乐《赛龙夺锦》又名《龙舟竞渡》，由何博众首创，经其孙何柳堂等人修改定稿。原作是一首丝竹乐曲，后来为了更好地表现乐曲的气势，遂改编为吹打乐合奏形式，增加了唢呐和打击乐器，更适合于表现中国南方端午节龙舟竞渡的热闹场面。全曲短小、轻快。乐曲开头先由唢呐吹出雄赳赳气昂昂的旋律作为引子，表示比赛开始；主体部分以弹拨及拉弦跳动的音调，配合铿锵的锣鼓节奏，展现一幅龙舟健儿全力以赴奋勇争先的场面；结尾音调风趣，表现了龙舟健儿夺冠后的喜悦与自豪。

沙湾飘色《赛龙夺锦》有两个版本。一个是传统的“一屏一飘”，一个是改革创新后的“一屏多飘”。前者主要通过龙舟、战鼓、奖杯等道具表现沙湾端午节赛龙舟的习俗，主题单一；后者则在传统的赛龙舟主题的基础上加入了各种乐器以及“小音乐家”们对《赛龙夺锦》乐曲的“现场演奏”，将沙湾的龙舟习俗与沙湾的音乐名曲《赛龙夺锦》紧密结合起来，表现了民俗与音乐的双重主题（具体情形将在后文有关沙湾飘色的改革与创新的内容中详谈）。

（2）沙湾飘色巡游表演伴奏中的广东音乐。

沙湾飘色艺人不仅别出心裁地创作出了以广东音乐作品为题材的板色，还直接将广东音乐用于飘色表演的伴奏。如在表演《雨打芭蕉》飘色时，随行伴奏的八音锣鼓就演奏《雨打芭蕉》；在表演《赛龙夺锦》飘色时，八音锣鼓就演奏《赛龙夺锦》。此外，沙湾飘色表演中经常演奏的广东音乐作品还有《娱乐升平》。《娱乐升平》的作者是广东省新宁县那泰乡那吕村（今台山市端芬镇那泰管理区）的广东音乐演奏家、作曲家和教育家丘鹤俦（1880—1942 年）。除了《娱乐升平》，丘鹤俦创作的广东音乐作品还有《狮子滚球》《双龙戏珠》《声声慢》《相见欢》等。这些乐曲有着浓厚的广东音乐风格并有所创新，因而流行甚广。《娱乐升平》一气呵成，旋律流畅，活泼愉快，故经常被用于沙湾飘色巡游表演时的伴奏。

（三）沙湾飘色对广绣艺术的吸收

1. 广绣简介

广绣是粤绣的一种（粤绣的另一种是潮绣）。

广绣的材料主要有丝绒、真丝、金线、银线、金绒混合等几大类。其中金银绣独具装饰性，构图匀称饱满，色彩鲜艳，给人华丽富贵之感。

广绣的色彩主要分为威彩和淡彩两类。威彩以较饱满的色彩为主调，淡彩以三间色为主调。广绣的色彩根据刺绣品种而定，表现喜庆、吉祥、富贵等的图案用威彩，其他则用淡彩。

广绣的技法主要有“钉、垫、拼、贴、缀”五种。其中，钉金垫浮绣的二针龙鳞和鱼鳞立体针法被认为是刺绣工艺中难度最大的针法。

广绣的内容主要有人物与花鸟两类。人物形神兼备，花鸟生动有趣。

清末至民国初年，番禺民田区的妇女普遍擅长刺绣。其中，沙湾镇的紫坭村、新造镇的北亭村、南村镇的员岗村等就是当时广绣的主要生产基地。沙湾飘色艺人正是利用了沙湾人擅长广绣的优势，将广绣艺术运用于飘色的标牌中，使标牌更加漂亮，也使沙湾飘色更加吸引人。

2. 沙湾飘色对广绣艺术的吸收

沙湾飘色对广绣艺术的吸收主要表现在飘色标牌和演员服饰的刺绣上。

（1）沙湾飘色标牌中的广绣。

沙湾飘色的标牌刺绣一般分为两个部分，上绣飘色的制作村组或参赛单位名称，居中横排；下绣飘色的板色名称，居中竖排，左右两边绣有各种动植物和人物图案。周边缀以花纹、流苏。

沙湾飘色标牌刺绣的图案以神话传说中吉祥的动物如龙、凤、麒麟、仙鹿、仙鹤等为主，也有表现普通人的日常生活图景。

① 神话动物形象。

龙、凤、麒麟都是我国神话传说中的动物，属于“四灵”之一，因此，它们自然成为沙湾飘色标牌刺绣中最常见的形象。

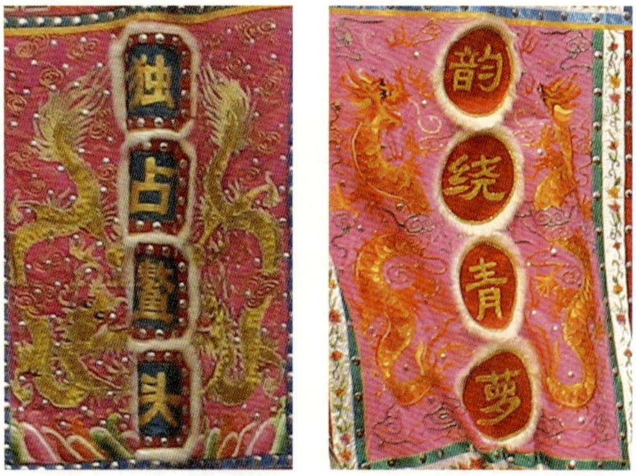

标牌中的金龙刺绣

标牌中的金凤刺绣

在标牌中绣龙的有《独占鳌头》《韵绕青萝》《月满良宵》等，绣的都是两条金龙。虽然同是金龙形象，但同中有异，《独占鳌头》中龙头朝下，《韵绕青萝》《月满良宵》中则是龙头朝上。

在标牌中绣凤的有《冰剑寒梅》等，绣了多只金凤，并缀以吉祥的花纹。

沙湾飘色标牌中的刺绣有时也并不以单一的龙或凤的形象出现，而是在一幅绣品中各绣一条龙和一只凤。如《昭君出塞》《千里传书》《珍珠彩塔》就属此类，不过，虽然同是龙凤，它们之间也有细微的区别。例如，《昭君出塞》是左龙右凤，头朝上，而《千里传书》和《珍珠彩塔》等则是左凤右龙，头朝下。

标牌中的龙凤刺绣

标牌中的麒麟刺绣

除龙、凤外，麒麟、仙鹿、仙鹤等也是沙湾飘色标牌刺绣中的常见形象。如《游龙戏凤》和《三取珠旗》等标牌中绣的就是麒麟形象。

《奥运之光》等标牌中绣的则是吉祥的仙鹿、仙鹤等动物形象和花鸟图案，充满了和平安宁的色彩。

② 日常生活场景。

在沙湾飘色标牌刺绣中，有关人物、景物和日常生活图景的题材并不多，《雨打芭蕉》是其中比较有代表性的。作品刻画了人物、房舍、蕉林和花草树木等生活情形，充满了岭南风情。

标牌中的仙鹿、仙鹤刺绣

标牌中的日常生活图景刺绣

总的来说，沙湾飘色的标牌刺绣色彩鲜艳、图案匀称、形象饱满、细节生动且富于变化。沙湾飘色将广绣技艺运用于标牌，使一个普通的标牌充满了文化与艺术色彩，为飘色添色不少；同时，广绣技艺也通过标牌制作和飘色表演得以传承和推广。

（2）沙湾飘色服饰中的广绣。

传统的粤剧服饰材料以布质为主，后期增加了胶片或者铜托小镜点缀戏服，到了20世纪60年代末，绣花戏服开始受到欢迎。

沙湾飘色演员的服饰来自粤剧服饰，也采用了绣花戏服。戏服刺绣的位置主要在领口、袖口、腰带、飘带和下摆等处，图案内容丰富，花纹精美，构图饱满，装饰性强。沙湾飘色服饰的图案纹样主要是各种赏心悦目的花草，此外还有江水、祥龙、凤凰、蝴蝶、蜻蜓等图案，如《云龙戏水》飘色服饰刺绣中的祥龙纹和江水纹，《哪吒伏魔》飘色服饰刺绣中的凤凰纹和江水纹，《游龙戏水》飘色服饰刺绣中的蝴蝶纹。

《嫦娥奔月》服饰刺绣
中的花草纹

《云龙戏水》服饰刺绣
中的祥龙纹和江水纹

《哪吒伏魔》服饰刺绣
中的凤凰纹和江水纹

《游龙戏水》服饰刺绣
中的蝴蝶纹

综上所述，沙湾飘色是一个吸收和融合了粤剧、广东音乐、广绣等多种广府文化的民间文化艺术，浓缩了广府文化的艺术精华。

十、你中有我

——沙湾飘色对姐妹艺术的渗透

沙湾飘色一方面积极借鉴与吸收粤剧、粤曲、广东音乐、广绣等广府民间文化艺术的精华，一方面又对广东其他地区的飘色及番禺水色等姐妹艺术产生了积极的影响。

（一）沙湾飘色对广东其他地区飘色的影响

沙湾飘色对广东各地飘色的起源、内容与形式等方面产生了或多或少、或直接或间接的影响，其中最典型的是对中山黄圃飘色和湛江吴川飘色的影响。

1. 沙湾飘色对中山黄圃飘色的影响

中山市黄圃镇地处珠江三角洲下游，位于伟人孙中山故里——中山市的北部，与番禺区隔河相望。黄圃建制 860 多年，具有悠久的历史和深厚的文化底蕴。飘色、盆景、龙狮并称黄圃艺术殿堂中的“三宝”。1994 年和 1997 年，黄圃镇举办过两次大规模的飘色活动。2005 年，黄圃镇举行了广东省首届飘色艺术表演大赛。1998 年，黄圃镇被广东省文化厅授予“广东民族民间艺术（飘色）之乡”称号。2005 年，黄圃镇被中国文联民间文艺家协会认定为“中国（黄圃）飘色之乡”。

那么，沙湾飘色是如何影响黄圃飘色的呢？这还得从黄圃飘色的起源说起。

黄圃飘色最初由明末清初的木偶演变而成，主要分布于黄圃镇的三社坊、鼓楼坊、灵会坊等乡村。据黄圃何氏族谱记载，明朝洪武年间，安徽人何腾伟被调来广东驻守，后到福建沿海剿匪，最终于洪武十一年（1378 年）举家迁到中山黄圃三社、灵会、鼓楼三坊交界处的水井头定居。何腾伟曾从福建引进木偶玩耍，由此带动当地民众以玩木偶作为闲时娱乐。明末清初时期，黄圃乡间兴起庙会，乡亲们又以杠抬神像、木偶巡游的方式祈求风调雨顺、国泰民安。其间，何氏后人与番禺沙湾同宗人交往，因而见识了沙湾飘色，觉得飘色比木偶更适合庙会巡游。于是在后来的农历三月初三“北帝诞”日，人们便将北帝神像巡游仪式中的杠抬木偶巡游逐步改为由小童扮演故事人物，由大人杠抬上街游行的飘色巡游，从而逐渐形成以三社、灵会、鼓楼为聚点的“三坊飘色”，盛行于清光绪年间。

黄圃镇鼓楼坊飘色《赵云藏阿斗》

和沙湾飘色一样，传统的黄圃飘色也由色柜、色芯、色脚和色梗等部分构成。色柜是用比较轻质的杉木制作的用以承载色芯、色脚和色梗的柜子，也由 4 个轿夫抬着巡游。色芯相当于沙湾飘色中的“飘”，以色梗支撑，由体重约 10 千克、年龄在 1 岁半至 2 岁的女童扮演。色脚相当于沙湾飘色中的“屏”，坐在色梗下，由 6 至 8 岁的小孩扮演。色梗即连接色脚支撑色芯的工艺品，中间用小指粗细的特种钢材根据板色造型要求打制而成，并通过各种工艺制作把钢条巧妙地隐藏起来。

由此可见，黄圃飘色是在沙湾飘色的直接启发下才由抬木偶演变为真正意义上的飘色，虽然它的某些名称与沙湾飘色不尽相同，但其表演的时间（主要在“北帝诞”日）、内容（主要是民间故事）与形式（伴以歌舞、锣鼓等进行巡游）、要求（演员年龄、体重、化妆、服饰等）以及特点（色彩艳丽、小巧、玲珑、飘逸）等与沙湾飘色是基本相同的，从中不难发现沙湾飘色对黄圃飘色的影响与渗透。

2. 沙湾飘色对吴川飘色的影响

吴川飘色是吴川民间艺术“三绝”（飘色、泥塑、花桥）之一。

吴川飘色经历了一个由“转色”到“板色”再到“飘色”的演变和发展过程。据《吴川县志》记载，清代梅菉有一种“色”叫“转色”，用一张长方形台，装上一张能转动的板凳，中间坐着几个化了妆的少年。每年游神时，四人抬着游行，不时停下奏乐唱曲，人们便将板凳转上一周，谓之“转色”。后来又演变为“板色”，以木板做成色台，用纸扎成花木亭台。所谓“色”，是一名“歌妓”坐在台上，手抱琵琶或胡琴，由人们抬着游行，经过社庙时必奏乐唱曲。吴川现代飘色制作始于20世纪30年代，由黄坡沙岗艺人陈趣珩（生于清朝咸丰丙辰年）首次制作四板飘色，其中三板（《观音坐莲》《时迁偷鸡》《海螺仙子》）为单人造型，另一板《三岔口》是武术双打。飘色在黄坡一出现便引起轰动，成千上万的人慕名前来观赏。新中国成立后，由于各种原因，飘色活动停止30年之久。1980年以后，陈趣珩之子陈寿全等人先后协助瓦窑（现称廖山）、梅菉头、坡心岭等村制作飘色，于元宵节游行表演。

吴川飘色与沙湾飘色有着很多相似的地方：飘色人物靠一根隐蔽着的色梗钢筋支撑；一板飘色，在色柜上或坐或立的称为“屏”，凌空而起的称为“飘”；造型人物的年龄一般为6至12岁的儿童；飘色内容多为历史故事、神话故事，近年来也有现代题材的内容；一板飘色由过去的“一屏一飘”发展到现在的“一屏多飘”，甚至“多屏多飘”。

吴川飘色《时迁偷鸡》

为什么地处粤西与沙湾相距较远的吴川地区的飘色与沙湾飘色如此相似？原来，吴川飘色也曾受到沙湾飘色的影响。

据当地民间流传，吴川飘色是在明末清初时由沙湾飘色“移花接木”过来的。据梅岭社区居委会档案记载，黄坡老艺人陈寿全的祖父到沙湾看过飘色，回来后便加以继承、创新和发展。陈寿全本人在粤剧编导方面享有盛名，因而在其祖父制作的飘色的基础上，创作出了具有吴川特色的飘色。如今，吴川飘色的发展突飞猛进，在国内外有一定的知名度，还曾受邀到国外演出，大有后来居上之势。

2006年元宵节，吴川市举行了2006“鼎龙杯”中国（吴川）飘色艺术大会演。香港特区、河南、陕西、浙江、江西、江苏、福建、重庆、广西、海南等省市、自治区以及广东省内和吴川市的共 32 支飘色队伍参加了这次飘色艺术大会演。其中吴川市梅菉头飘色队、梅岭飘色队以及隔塘飘色队的飘色均获得了全国飘色艺术大会演金奖。沙湾飘色《唐僧取经》《康熙王朝》《游湖借伞》等还被制作成飘色模型被广东省博物馆收藏，作为民间艺术精品加以保护。

吴川飘色《康熙王朝》

2008 年 10 月 11 日至 13 日，由沙湾镇承办的第七届中国民间艺术节暨“山花奖”中国民间飘色艺术展演与评奖活动在沙湾举行。在这次大赛上，吴川飘色艺人与沙湾飘色艺人共同切磋交流，精心构思，设计和制作出了表现水乡赛龙舟风俗和广东音乐《赛龙夺锦》双重主题的大型飘色，使沙湾飘色在本次大赛上一举夺得了金奖，成就了飘色艺术交流史上的一段佳话。不仅如此，吴川飘色艺人精心设计的大型传统题材飘色《六国封相》和具有时代特色的飘色《奥运英雄》也分别获得了本次展演的金奖和银奖。

（二）沙湾飘色对番禺水色的渗透

沙湾飘色对姐妹艺术的影响不仅表现在对黄圃飘色和吴川飘色的影响上，还表现在对番禺水色的渗透上。在近年番禺水色的表演中，每一次都有沙湾飘色的表演。

1. 番禺水色简介

顾名思义，“水色”即在水上扮“色”。番禺水色是以木筏或竹筏为载体，以戏剧、小说或民间传说故事为主要内容的水上表演活动，产生于明末清初，至今已有 400 多年的历史。在清代，番禺水色主要流行于市桥和沙湾等地，其中以市桥水色最为有名，因此番禺水色通常被称为“市桥水色”。它的产生与当地的天后（妈祖）信仰民俗有关。

据说天后是保佑渔民的圣灵，天后庙则是供奉此神的地方。全球各地的华人渔民都信奉天后，光是天后庙就有两万多座，其中最大的一座位于福建，其次就是番禺新建的南沙天后宫。老一辈的市桥人对本地的天后庙有特别的感情，还流传着两个关于天后显灵的故事。

传说一：康熙元年（1662 年），清廷命令沿海居民内迁 50 里以断绝与郑成功旧部的来往，除了市桥大洛口的天后庙得以幸存之外，几乎所有的祠堂、庙宇在那个时期都被拆毁、废除。

传说二：雍正七年（1729 年），市桥曾经因出现“剧盗”而被清军镇剿，传说清军主将串军执行命令的时候忽见天后佩戴珠冠、身着红袍显灵，令其改用安抚之策。

这两个传说，使得水乡市桥的渔民对天后信奉有加，每年农历三月二十三，都要举行庆祝“天后诞”的活动，水色便是祭祀天后活动中的一种辅助性表演。

番禺水色在出色时有既定的路线，船队从市桥河临海处的天后庙出发，西行至东涌，船队入涌巡演，折回后继续西行，至龙津返回，再入西涌。这条路线单程有四五里水路，巡游过程声势浩大。“天后诞”当日，民众在两岸观赏水色，节日气氛比农历新年还要浓厚。如今，番禺水色主要于国庆黄金周在宝墨园的湖面上表演，每次表演都吸引了成千上万的各地游客前来观赏。

2011 年 10 月 2 日番禺宝墨园的水色表演

旧时番禺水色的巡游表演规模宏大，往往是 10 多张大木筏连在一起，布景华丽，光艳夺目。由一艘戏船作为前导，接着是一艘五彩缤纷的巨型凤船。凤船长 10 丈、宽 3 丈，首尾高翘，被装饰成彩凤模样，两侧船舷安上能张能合的凤翅，伸展开来，活像彩凤低翔于水面，这便是天后的“坐驾”。天后安坐于凤船之上，左右有两个宫嫔服侍，两面船旁又有数十小童，朱衣彩带，杂陈百戏。凤船前后均有两木船系缆牵引，前行时由前船牵动，若遇顺水船行太快，则由后船牵动倒拖减速。凤船后面或左右还有仿造原物制成的能浮于水面的水鸟、龟鳖、鱼鳌、蚌蟹、虾螺和鸭鹅等物。这些仿生制品尾随于凤船之后，穿插于各水色表演船队和红荷白莲之间，主要是为了增加表演的生动性。据市桥民间学者黎应榆介绍，番禺水色活动中的木制水鸭，其腹半空，内置半腹水银而后封存，浮于水面，水银随波荡漾，鸭头能自动一俯一仰，颇为精巧。由于特殊的历史原因，传统的木制水鸭已无处找寻，现在的木鸭、水鸟等都是根据稀少的资料和凭借老艺人的回忆来仿制的。

番禺水色和沙湾飘色一样，每板色就是一个民间传说或戏曲故事，由青少年扮演角色（年龄要比沙湾飘色扮演者稍大），但内容多离不开与“水”字有关的故事，如《水漫金山》《水淹七军》《八仙过海》《哪吒闹海》《鲤鱼会慈航》《鱼跃龙门》《渭水钓鱼》等，都富有水的韵味。

番禺水色每板用扎牢的杉排为浮架，前后都有两只彩艇牵动或控速，彩艇竖有出色单位的头牌和罗伞旌旗，吹弹打唱、锣鼓齐鸣的八音乐队也在艇里演奏。杉排下四周系着巨石板坠沉于水下数寸，色梗紧附排上，扮“色”者或坐或立或作飞腾状，随排缓缓移动，其人物仿佛出自水中，浮行水面。民间艺人通过在杉排下坠石块的方法，使杉排浮于水面而不露出，故岸上观看只有色板人物浮行水面，如幻如真，飘然若仙境，俨然仙山琼阁，别具特色。

据记载，清代番禺的大型水色表演要60年才举行一次，最短的间隔也有10多年，最后的一次出色距今已有260多年。

2. 番禺水色中的沙湾飘色

进入21世纪以来，番禺水色得以恢复和发展，每隔几年便举办一次大规模的水色表演，而几乎每次水色表演中都有沙湾飘色。沙湾飘色已完全融进了番禺水色中，成了番禺水色巡游表演的重要一环。

2000年，在番禺水色失传250余年后，番禺区政府耗资百万，组织民间艺人对传统水色进行发掘、整理和恢复，并于国庆期间借沙湾镇紫坭村宝墨园第三期工程庆典之机，在宝墨园的荔景湖进行了一次大型的水色艺术巡游表演。为了增强水色节目的可看性，番禺水色引

入了沙湾飘色的概念，将沙湾飘色移植到水上，使色中人物在水中玲珑屹立、凌空飘动，既继承了传统的民间艺术，又丰富了水色的艺术形象。本次巡游表演一共推出了 18 板水色，依次为：《水色表演旗帜》《双仙渡江》《包公出巡》《普度慈航》《龙宫取宝》《仙子下凡》《梅郎与布娘》《贵妃啖荔》《子建会洛神》《水漫金山》《梁红玉退金兵》《仙女散花》《八仙贺寿》《凌波仙子》《八音锣鼓》《哪吒伏魔》《三田和合》《荔湖梦美》。其中，《八仙贺寿》《凌波仙子》《哪吒伏魔》《三田和合》4 板为沙湾飘色，而《八音锣鼓》则是沙湾飘色巡游中的必备节目。因而，在本次番禺水色巡游板色中，沙湾飘色占了将近 1/4。番禺水色加入沙湾飘色的这一创新形式吸引了 10 多万观众前来观看，巡游表演连续进行了 9 天，共表演了 15 场，几乎场场爆满。

此后，番禺宝墨园又分别于 2004 年 5 月、2006 年 10 月、2008 年 10 月、2011 年 10 月成功举办了 4 次大型的水色巡游表演。

以下便重点介绍 2006 年国庆节期间的番禺水色表演，这是沙湾飘色出色最多、最有代表性的一次番禺水色表演。

2006 年 10 月 2 日，宝墨园上演了以“宝墨弘国粹，飘色汇平湖”为主题的大型水色巡游活动，参演人数达到 160 多人，依次表演了《宝墨生辉》《包公出巡》《娱乐升平》《独占鳌头》《月满良宵》《三田和合》《神雕侠侣》《古镇琴音》《三取珠旗》《仙女散花》《净洒人间》《观音布施》12 个板色。其中，《独占鳌头》《月满良宵》《三田和合》《神雕侠侣》《古镇琴音》《三取珠旗》《仙女散花》《净洒人间》8 板是沙湾飘色的经典板色。而《娱乐升平》其实就是沙湾飘色巡游中的八音锣鼓队。也就是说，在本次番禺水色巡游中，除了一头一尾是纯粹的番禺水色外，中间绝大部分是沙湾飘色。沙湾飘色的板色占了整个水色表演板色的 3/4，足见沙湾飘色对番禺水色的影响与渗透之深。

以下便依次简要介绍本次水色表演的板色名目。

（1）《宝墨生辉》。

番禺水色。“宝墨”指水色表演地宝墨园，“宝墨生辉”意指精彩绝伦的水色表演给宝墨园增辉添色。领头的五彩缤纷的仿古巨型凤船缓缓驶来，上面站着 4 个身着古装的青年女子，水面上的“色”倒映在水中，五彩斑斓，交相辉映，“水色”效果十分突出。紧跟凤船的是象征着幸福吉祥的四对鸳鸯。

《宝墨生辉》（本部分“水色”图片由沙湾文化站提供）

紧跟凤船的四对鸳鸯

（2）《包公出巡》。

番禺水色，再现了包公出巡的威武场面。板色造型中坐在正前方的黑面长髯的便是包公，其身后跟着公孙策、展昭、王朝、马汉、张龙、赵虎六个卫士。

为什么番禺水色表演会有包公出巡的板色呢？原来，宝墨园本来就是纪念清官包拯的主题公园。《包公出巡》板色突出了宝墨园的清

官文化主题。

宝墨园位于番禺区沙湾镇紫坭村，宝墨园的东侧有一个包相府庙。包相府庙始建于清代嘉庆年间，是供奉北宋名臣、龙图阁大学士包拯的地方。相传有一年西江涨洪水，有一段黑色木头漂流到村边，人们把它放回江里，谁知木头又回流到村边来。这种情况再三出现，人们觉得十分奇怪，便把黑木头拾起并供奉起来。嘉庆四年（1799年），朝廷诛杀贪官和珅，民间掀起反贪倡廉之风。人们想起了清廉的包拯，便把木头刻成包公像，在此建起了包相府（后称宝墨园）。世易时移，原宝墨园早已被毁，原址已变成民居。1995年，宝墨园得以重建。重建后的宝墨园，面积160多亩，规模宏大，造型高雅，集清官文化、岭南建筑工艺、岭南园林艺术和珠江三角洲水乡特色于一体，成为远近闻名的庭园精品。

《包公出巡》

（3）《娱乐升平》。

《娱乐升平》板色的阵容其实就是为沙湾飘色伴奏的八音锣鼓。在沙湾飘色巡游表演中，通常是飘色在先，锣鼓在后，且每板或每两到三板飘色之间便有一台八音锣鼓柜。而到了番禺水色表演中，沙湾飘色的板色被精简，伴奏的八音锣鼓也只留一台作为代表。为了造势，八音锣鼓被安排在最先开始的两板水色之后，所有沙湾飘色之前。又由于是在水上表演，因此乐队省掉了锣鼓柜，演员也不再像沙湾飘色巡游时那样边走边演奏，而是坐着演奏曲目。

《娱乐升平》（八音锣鼓）

（4）《独占鳌头》。

沙湾飘色，表现的是某书生赴京赶考得鳌鱼相救，最终考取状元的故事，通常被放在沙湾飘色的第一个，取“独占鳌头”之意，寓意吉祥富贵。

《独占鳌头》

（5）《月满良宵》。

沙湾飘色，表现张生和崔莺莺在红娘的帮助下终成眷属的爱情故事，寓意美满幸福。

《月满良宵》

(6)《三田和合》。

沙湾飘色，表现观音收服红孩儿并令其改邪归正、造福人间的故事。板色色彩鲜艳、寓意美好，特别切合今天建设和谐社会的理念。

《三田和合》

(7)《神雕侠侣》。

沙湾飘色，表现杨过与小龙女的爱情故事。

《神雕侠侣》

（8）《古镇琴音》。

沙湾飘色，用琵琶和芭蕉突出沙湾古镇的音乐成就和地方特色。

《古镇琴音》

（9）《三取珠旗》。

沙湾飘色，表现北宋名将狄青为借取杀敌制胜的法宝——珍珠旗而与鄯善国双阳公主连番斗智斗勇，最后二人喜结良缘的爱情故事。

《三取珠旗》

（10）《仙女散花》。

沙湾飘色，表现玉帝的七个女儿在赴瑶池为王母祝寿途中向人间遍撒鲜花，祝福风调雨顺、国泰民安的故事。

《仙女散花》

（11）《净洒人间》。

沙湾飘色，表现观音菩萨携童子降临凡间，施展法力驱邪除恶，为人间缔造和谐、优美生活环境的故事。

《净洒人间》

（12）《观音布施》。

番禺水色，压轴节目。仿照过去番禺水色的做法，将木筏平台做成半浮沉状，使游客在岸上几乎看不到平台的轮廓，只看到观音和金童玉女坐在莲花之上。观音手持花篮，把花瓣和金银撒向人间（岸上游客），布施福寿康宁。

《观音布施》

综观番禺水色与沙湾飘色，两者看上去很相似，却有明显的不同之处。第一，纯粹的番禺水色只有“色”，没有“飘”，而沙湾飘色既有“色”，又有“飘”；第二，番禺水色的人物造型主要由中青年扮演，而沙湾飘色的人物造型则全部由儿童扮演。

同样是沙湾飘色，移植到水上表演的沙湾飘色与在大街小巷表演的沙湾飘色也有不同之处。第一，陆上表演的沙湾飘色有标旗作引领，由色柜来承重；水上表演的沙湾飘色则是将板色名目直接书写在平台的大红灯笼上，不再标示飘色的制作或表演单位的名称。水上表演的人物造型也不是在色柜而是在水面的平台上。平台上除了与飘色故事情节有关的布景外，一般都放置一些与水有关的绿色植物造型或富有生命力的花鸟虫鱼造型，突出了水乡特色。另外，由于是在水上表演，木筏本身有浮力，因此水上飘色表演也不像陆上表演时需用众多的轿夫，而只需四个推手即可。推手们头戴各种装饰物，扮成虾兵蟹将以突出水色的特点。第二，陆上表演的沙湾飘色巡游中有八音锣鼓的伴奏，每板或每两到三板飘色便有一台八音锣鼓，而水上表演的沙湾飘色没有这么多八音锣鼓，唯一的八音锣鼓也已成为一个独立的板色名目。

十一、重振旗鼓

——沙湾飘色的传承与保护

在清末至民国沙湾飘色的鼎盛时期，沙湾飘色主要在沙湾“一居三坊十三里”的十七个村子里轮流进行。到了抗日战争爆发后，特别是文化大革命以后直到改革开放前，沙湾许多村子的色梗、色柜在战火与政治运动中历经劫难，损毁殆尽，沙湾飘色的发展陷入停滞期。改革开放以后，沙湾飘色渐受重视，那些有幸被保存下来的色梗、色柜得以重见天日，年逾古稀的飘色艺人重操旧业，重整旗鼓，挖掘和整理出一批经典的板色，使得沙湾飘色得以传承下来并受到大力保护，从此沙湾飘色走向全面复兴之路。

（一）沙湾飘色的传承情况

1. 沙湾飘色的主要传承地

如今的沙湾飘色主要在沙湾镇的东、南、西、北四个村进行。这四个村所处的位置正是古代沙湾的中心地带，也是古代沙湾经常出色的地方。

（1）沙湾东村。

沙湾东村位于沙湾镇中心城区的北部，距离市桥中心区仅 5 千米，距广州市区约 20 千米，村东南侧为沙湾镇的行政中心，沙湾镇政府等主要行政单位均坐落于此。本村位置和交通条件较好，沙湾大道、青萝路、经述路、沙渡公路等主要城镇道路穿越本村，到达市桥中心区只需 15 分钟车程。这些条件非常有利于沙湾飘色的宣传。沙湾大道、青萝路、经述路一带如今也是沙湾飘色经常巡游的地方。

沙湾东村现存飘色代表作有：《冰剑寒梅》《桂英招亲》《脚踏刀

梯》《拦江截斗》《柳毅传书》《梅开二度》《青云直上》《三取珠旗》《三仙大会》《神雕侠侣》《水浸金山》《双仙赴会》《岁寒之友》《杨柳榆仙》《游龙戏凤》《游龙戏水》《越女击猿》《韵绕青萝》《昭君出塞》《珍珠彩塔》。

（2）沙湾南村。

沙湾南村位于沙湾镇中心城区的南部，北临安宁西街。而安宁西街正是古代沙湾经常出色的地方。

沙湾南村现存飘色代表作有：《黄莺惊梦》《三田和合》《三调芭蕉》《鱼仙得道》《月满良宵》《云龙戏水》。

（3）沙湾西村。

沙湾西村位于沙湾镇西面。沙湾西村积极传承飘色，其制作的飘色曾在 2008 年获得“中国民间艺术协会沙湾飘色优秀表演奖”和“中国民间艺术飘色优秀组织奖”。

沙湾西村现存飘色代表作有：《奥运之光》《独占鳌头》《贵妃扑蝶》《千里传书》《天降麟儿》《雨打芭蕉》《仙女渡江》《仙女散花》。

（4）沙湾北村。

沙湾北村具有 800 多年的历史，有着得天独厚的历史及文化优势。村内古街巷均采用白麻石铺砌而成，辖内有省级文物保护单位留耕堂，有车陂街、光裕堂和广东音乐的发源地三稔厅等古街巷、古建筑。沙湾北村具有悠久的飘色历史，现存飘色众多，并不断有新飘色诞生。

沙湾北村飘色代表作有：《嫦娥奔月》《飞剑伏狐》《古镇琴音》《净洒人间》《哪吒伏魔》《赛龙夺锦》《双龙戏珠》《湘子得道》。其中，《哪吒伏魔》《赛龙夺锦》多次获得全国及省市级的民间艺术大奖。

沙湾东、南、西、北四村一向和睦，互相学习交流，一旦有大型的飘色活动，四村更是团结一心，齐齐上阵，为飘色造势，共同推动沙湾飘色走向复兴。

2. 沙湾飘色的主要传承人

沙湾东、南、西、北四个村目前还有能制作飘色的骨干艺人 20 多人，各村主要传承人姓名及其主要代表作情况如下：

（1）沙湾东村：

① 经述里：

传承人：黎汉明、何达权、何文广；

代表作：《脚踏刀梯》《三取珠旗》《昭君出塞》《直上云梯》《八仙过海》《柳毅传书》《龙女牧羊》。

② 市东坊：

传承人：何德全、何良；

代表作：《拦江截斗》《水浸金山》。

③ 第一里：

传承人：何桂耀、何宗敬；

代表作：《游龙戏凤》《韵绕青萝》。

④ 江陵里：

传承人：赵基、何锦熙、何嘉林；

代表作：《冰剑寒梅》《三仙大会》《神雕侠侣》。

⑤ 东安里：

传承人：何华、何镇山、何辉、何树；

代表作：《梅开二度》《越女击猿》。

（2）沙湾南村：

传承人：何伟健、何忠灵、何启文；

代表作：《三田和合》《三调芭蕉》《鱼仙得道》《月满良宵》《云龙戏水》。

（3）沙湾西村：

传承人：李兴贤、何达荣；

代表作：《独占鳌头》《贵妃扑蝶》《千里传书》《仙女渡江》《仙女散花》《雨打芭蕉》。

（4）沙湾北村：

传承人：何燮和、朱诞生；

代表作：《嫦娥奔月》《飞剑伏狐》《古镇琴音》《净洒人间》《哪吒伏魔》《赛龙夺锦》《湘子得道》。

沙湾飘色传承人黎汉明

（广州市非物质文化遗产保护中心供图）

其中，沙湾东村的飘色艺人黎汉明获得了广州第二批市级“非物质文化遗产项目代表性传承人”、第三批“广东省民间文化杰出传承人”和“广州市农村优秀民间艺术家”称号。

黎汉明 1946 年 9 月出生于飘色艺人之家，其祖父和父亲都是做飘

色的好手，手艺一代代传了下来，到他已是第三代了。黎汉明 12 岁那年，正赶上 1958 年“大跃进”时期沙湾出色，他便跟随父亲参加飘色活动，学习飘色的核心——色梗的制作技巧。此后，由于政治原因，沙湾飘色停止表演。因此，1979 年沙湾飘色巡游恢复后，黎汉明才真正独立制作第一板飘色。

从 12 岁跟随父亲学做飘色算起，黎汉明从事飘色色梗制作已有 50 多年。他一方面继承传统飘色的技艺，重新挖掘整理传统题材的板色；另一方面又创新题材，制作出《柳毅传书》《龙女牧羊》等新板色。为了增强飘色的表现力，他曾到番禺及广州其他区寻找合适的钢材，制作更具承重力的色梗。

自 1979 年至今，黎汉明参与创作的板色包括《直上云梯》《八仙过海》《昭君出塞》《柳毅传书》《三取珠旗》《龙女牧羊》等，在历次大型飘色巡游中均有出色。

黎汉明今年已有 65 岁，他见证了沙湾飘色的发展，是现在最深资历的沙湾飘色艺人之一。退休后，他仍继续参与飘色的制作与巡游活动，并加入了沙湾镇飘色协会；曾到过香港和珠三角各地巡游，定期与其他飘色艺人交流，同时指导年青一代如何制作飘色。

3. 沙湾飘色主要传承活动

除了挖掘、整理、研制和表演飘色，当地相关政府部门还积极思考，努力探寻传承沙湾飘色的活动形式。从 2009 年开始，番禺区非物质文化遗产保护中心联合相关部门举办了“寻找禺山的记忆”——番禺区非物质文化遗产传承进校园活动和“禺山记忆”——番禺区非物质文化遗产普查成果图片展。

（二）沙湾飘色的保护措施

1. 政策的支持

改革开放以来，沙湾镇党委、镇政府高度重视优秀民间艺术的传承发展，除了继续遵照民俗在“北帝诞”及春节、中秋节或国庆节等重大节日出色庆祝外，还利用镇里各项重点工程庆典或重大招商引资活动的机会出色助兴，从而逐渐形成年年有飘色，每三年必有一届大型飘色巡游活动的传统。据不完全统计，改革开放 30 年以来，沙湾飘色大大小小的出色活动有 30 多次，使沙湾飘色深入人心，成为沙湾的品牌文化之一。

2. 资金的投入

沙湾镇党委、镇政府大力支持沙湾飘色的技术革新，从资金上加以扶持。据不完全统计，自改革开放至今，沙湾镇政府对飘色等民间艺术的资金投入已近 600 万元。其中，2008 年沙湾镇承办了第七届中国民间艺术节暨“山花奖”中国民间飘色（抬阁）艺术展演活动，沙湾镇政府拿出了 20 多万元用于沙湾飘色的技术革新。沙湾的飘色艺人与龙舟制作设计的专业技术人员以及吴川等地的众多飘色艺人共同努力，花了半年多的时间进行技术革新，最终创制出了大型飘色《赛龙夺锦》。该作品获得了本次活动的金奖，为沙湾飘色赢得了荣誉，巩固了沙湾飘色在全国飘色中的领先地位。

沙湾镇政府除了直接投入资金支持沙湾飘色外，还通过同乡会、联谊会等各种形式，吸纳海内外乡亲以及社会各界人士的捐款，为飘色活动表演筹集经费，更新飘色的服装和道具等，既联络和增进了海内外沙湾人的感情，又支持了沙湾飘色艺术活动的开展。

沙湾镇政府除了重视资金的保障，还特别重视改善沙湾飘色的传承条件，不断扩展和完善镇内飘色民间艺术研究和展演的基础设施。为飘色艺人的传承活动提供方便。沙湾镇政府专门投资兴建了用于飘色展演的“观色楼”等场所，使专门供研究训练及表演活动的场地增至近万平方米。

为了更好地传承和保护沙湾飘色，番禺区文化馆成立了番禺区非物质文化遗产保护中心，完成了对沙湾飘色申报第三批“国家级非物质文化遗产名录”的工作。

3. 对飘色传承人的保护与培养

沙湾镇政府与相关部门非常重视沙湾飘色传承人的申报、保护与培养工作。

沙湾飘色的制作工艺是沙湾飘色艺人世代相传的。新中国成立以前，沙湾飘色艺人凭此技艺谋生，大多数是子承父艺，或传男不传女、传里不传外，保密甚严。新中国成立后，沙湾镇政府对此高度重视，专门成立的沙湾民间工艺研究小组，四处寻访民间飘色艺人并把他们

组织起来对这些被埋没多年的飘色制作技艺进行回忆、研讨，挖掘和整理出了一批飘色，使之得到保存和发展。

番禺区文化馆成立了番禺区非物质文化遗产保护中心，在完成对沙湾飘色申报第三批“国家级非物质文化遗产名录”工作的同时，还申报和推荐了包括飘色艺人黎汉明在内的第二批广州“市级非物质文化遗产代表性传承人”。

在发动老艺人授徒传艺方面，沙湾镇文化站更是做了大量艰苦细致的工作，不但重视传统飘色技艺的完整传承，更关心这些飘色艺人的起居生活，使之没有后顾之忧，可以毫无保留地把飘色技艺贡献出来。

在沙湾飘色艺人、沙湾镇政府和社会各界的共同努力下，沙湾飘色艺人的队伍不断发展壮大。至今，懂得飘色制作技艺的骨干已有20多人，沙湾镇东、南、西、北四个村的表演队伍合计近800人。

十二、与时俱进

——沙湾飘色的改革与创新

沙湾飘色一方面继承传统飘色人物小巧、色彩艳丽、艺术精致、气质飘逸的特点；另一方面又与时俱进，改革创新，不断推出新主题、新题材、新形式的飘色，使沙湾飘色常演常新。

沙湾飘色的改革与创新主要表现在板色主题与题材的创新、色柜形制的改革、艺术色梗制作技艺与人物造型设计的创新四个方面。

（一）板色主题与题材的创新

沙湾飘色自改革开放后恢复出色活动以来，几乎每一届飘色表演都有改革和创新的色板出现。其中新创作的反映历史题材的有《神雕侠侣》《净洒人间》等，反映奥运题材的有《相约2008》《奥运之光》《跨越巅峰》等，反映航天题材的有《火箭会嫦娥》《神州追月》等，反映杂技艺术的有《脚踏刀梯》《直上云梯》等，反映现实生活与理念的有《江山秀色》《和气夫妻》等，展示沙湾本土风情的有《嫦娥思乡》《龙腾狮跃》《奶香飘飘》《古镇神韵》《韵绕青萝》《雨打芭蕉》《古镇琴音》《赛龙夺锦》等。

其中，《赛龙夺锦》一改传统飘色一板飘色集中反映一个主题的传统，在同一板飘色中表现了广东音乐《赛龙夺锦》与沙湾民俗赛龙舟的两个主题；而《古镇神韵》更是在一板飘色中集中表现了多个主题，包括广东音乐《雨打芭蕉》、粤剧《游龙戏凤》、沙湾古建筑牌坊、沙湾兰花、沙坑醒狮等与沙湾有关的品牌文化。

（二）色柜形制的改革

传统的沙湾飘色是在沙湾古镇最繁荣热闹的车陂街、安宁西街等狭窄的古巷道中进行的，因而，传统的沙湾飘色不能过高、过大，色柜也不能太大。而且由于车陂街、安宁西街等古巷道是用麻石铺成的，地面并不光滑，色柜不能推，只能用人抬，因而色柜也不能太大。

由于色柜小，色柜的承重就小，相应的，扮“色”的小孩就不能过高、过大、过重。因此，扮“飘”的演员一般都在三岁以下，最大的不超过五岁。由于小孩儿年龄太小，理解不了板色的内容，自然不会很形象、很到位地表演相关的表情和动作；加上飘色表演时间长，小孩儿又缺乏耐性，在空中时间长了难免无聊，或因饥饿、口渴等原因而烦躁或哭闹。这就难免使飘色表演的效果大打折扣。

如今，随着沙湾政治中心、经济中心的转移，特别是随着沙湾街道建设的发展，沙湾飘色不再在狭窄的古巷道中表演，而是转移到宽敞、平坦的大马路上表演；加上沙湾近年来进城发展的年轻人比较多，留在家乡的年轻人较少，因而经常出现表演飘色时找不到年轻人而靠中老年人抬色柜的情形。因此，飘色艺人们便在传统的色柜下面安装上轮子，方便需要时推行。对于新创作的大型飘色，则直接用平板车或电瓶车甚至小货车代替传统的色柜来作为飘色表演的平台。如新版飘色《古镇神韵》就用了平板车，而新版大型飘色《赛龙夺锦》更是直接将演员和道具安装在电瓶车上表演。

由色柜到平板车或电瓶车甚至小货车，既减轻了抬色柜人员的负担，又大大增加了飘色表演平台的承重能力，可以相应的放宽对扮色演员的年纪、身高和体重的限制，从而有助于演员对飘色内容的理解，提高表演的质量。

（三）艺术色梗制作技艺的创新

传统的沙湾飘色是在狭窄的巷道中表演的，观众只能站在狭窄拥挤的巷道两旁观“色”。观众与飘色近距离接触，很容易看出色梗在设计、制作与装扮中的破绽。但也正是因为这些不利因素，才对沙湾飘色艺人们提出了更高、更严的技术要求，从而成就了沙湾飘色于细微处见精致的特点。

如今，有了高科技的支持，沙湾飘色艺人们更是得心应手，别出心裁，精心设计，大胆革新，使艺术色梗比过去更加精致漂亮，更显科学原理。

沙湾飘色艺术色梗制作技艺的创新突出表现在飘色艺人在艺术色梗上添加了各种各样神奇的功能，使沙湾飘色更加出神入化。

《直上云梯》艺术色梗

《云龙戏水》色梗上正在戏水的龙

《八仙过海》中的“铁拐李”能腾云驾雾，他的葫芦还能喷射烟雾，非常符合故事中人物的神仙身份。

《哪吒伏魔》中哪吒脚下的风火轮不时吐出烈焰，给人以风火轮正在转动的真实感。

《云龙戏水》色梗上有一条龙，不时从口中喷出长长的水花。形象地表达了云龙戏水、普降甘霖、润泽万物的主题。

《韵绕青萝》色梗上的龙不时喷出水珠，形象地表现了唐代李白《宫中行乐词》（其三）诗句“笛奏龙吟水，箫鸣凤下空”的意境。

《韵绕青萝》色梗上正在喷水的龙

（四）人物造型设计的创新

沙湾飘色人物造型设计的创新首先表现在对扮“色”演员的年龄限制适当放宽。由于早些年冶炼技术水平较低，因而传统飘色色梗纤细，承重力低，使扮“飘”小孩的年龄受到限制，小的不满周岁，最大的不超过5岁。如今，在高科技的支持下，沙湾飘色艺人对色柜和色梗进行了改革，使色柜更大，色梗更细、更有韧性，承重能力也大大增强，从而使扮“飘”小孩的年龄可以适当放宽；同时“飘”在空中的高度也适当增加，既可以使人物形象显得刚健优美，又可以使飘色飘得更高，更加突出其凌空飘荡的特点。

沙湾飘色人物造型设计的创新主要表现在扮“色”演员人数的增加上。传统飘色因为色柜及色梗的限制，人物造型的设计通常局限在“一屏一飘”。“一屏二飘”的飘色在很长一段时间内都仅有《三田和合》一板。如今，在高科技的帮助下，飘色艺人大胆尝试将一些原来“一屏一飘”的飘色改革成“一屏二飘”，如2011年4月5日参加佛山祖庙“北帝诞”民俗大巡游时演出的《珍珠宝塔》即为“一屏二飘”。

新版“一屏二飘”的《珍珠宝塔》

但沙湾飘色并不满足于“一屏一飘”或“一屏二飘”，而是苦心钻研，精心设计一些大型的新板色，力争让更多扮色演员“飘”起来。其中，《古镇神韵》和《赛龙夺锦》就是改革得比较成功的两板飘色。

《古镇神韵》飘色在一个板色内集中展现了沙湾古镇的几大品牌形象，演员人数多达13人（有的演员只能藏在沙坑醒狮的造型中，从外面看不到）。

新版的大型飘色《赛龙夺锦》的人物造型设计为33个。其中，11个造型各异的小小“音乐家”手拿各种乐器“飘”在空中共同演奏人们耳熟能详的广东音乐名曲《赛龙夺锦》，前边上下起伏的两条龙舟上则有22个赛

大型飘色《赛龙夺锦》（沙湾镇政府供图）

手（每条船上 11 人）在“拼命划船”，龙舟两旁还各有两队身穿蓝衣、不停地挥舞蓝色彩带的象征翻滚的波浪的少女。整板飘色通过众多人物造型，既表现了沙湾龙舟健儿不畏险阻、奋勇当先的拼搏精神，又表现了广东音乐《赛龙夺锦》对沙湾龙舟健儿的歌颂与赞美之情，以及对沙湾作为广东音乐之乡的自豪之感。

十三、“飘”去“飘”来

——沙湾飘色的宣传与交流

新中国成立以前，沙湾飘色常在农历三月初三“北帝诞”时伴随北帝像出游。新中国成立以后，沙湾飘色多在春节、国庆巡游。改革开放后特别是进入新世纪以来，沙湾飘色并不满足于只在家门口表演，不仅抓住机会“飘出去”，到省内外巡游宣传，而且还创造机会将全国各地的飘色请到沙湾会演交流，取得了非常好的宣传与交流的效果。

（一）沙湾飘色宣传与交流的情况

从《番禺改革开放30年大事记》和《沙湾卅年大事记》的相关记载以及当时媒体的相关报道中，我们可以对沙湾飘色改革开放30年来的宣传与交流情况有一个大致了解。

1.“飘出去”：沙湾飘色到各地宣传与交流的情况

1980年12月14日，番禺宾馆开幕典礼暨县人民医院碧秋大楼奠基仪式在市桥隆重举行，应县政府邀请的500多名番禺籍旅居港、澳人士参加了庆祝活动。县长黄伟宁，港澳知名人士何贤、霍英东主持了剪彩仪式，碧秋大楼奠基仪式由何添先生揭彩，数十万群众观赏了沙湾飘色等民间艺术。

1983年2月19日（农历正月初七），沙湾飘色应邀参加广州市“娱乐升平庆新春”民间艺术游行。这是沙湾飘色首次来到广州，因而备受关注，被安排在各种民间艺术之首。沙湾飘色不负众望，共表演了《昭君出塞》《苏武牧羊》《仕林祭塔》《哪吒闹海》《飞剑伏魔》《梅开二度》《为国争光》《囊括七雄》等26板飘色，让广州市民大饱

眼福。其中，新创板色《为国争光》《囊括七雄》引起观众强烈共鸣，轰动羊城。

1984年10月14日上午，大石大桥举行了隆重的剪彩仪式。由县长梁伟苏致词，霍英东、何厚铧（何贤之子）发表了讲话；随后全体嘉宾到洛溪大桥举行奠基仪式；下午举行了念慈楼、岭南亭、念慈亭、番禺宾馆游泳池落成典礼；晚上，人们观看了节日焰火。15至16日，嘉宾们参观了留耕堂、余荫山房，观看了沙湾飘色。

1986年9月18日至19日，沙湾飘色再次受邀与沙湾金银鳌鱼一起到广州市东方乐园参加贺中秋表演，共出色26板，并配合有关部门摄制了一部录像片，引起海内外各界人士的热切关注，大大扩大了沙湾飘色在省内甚至国内的影响。

2001年10月21日下午，沙湾镇应香港娱乐及文化事务署的邀请，派出东村、南村、西村、北村的4板飘色参加了在香港文化中心举行的中国传奇文化节活动。

2004年12月22日（正月初一），参加广州市番禺区“金猴贺岁”民间艺术大巡游，表演了《独占鳌头》《冰剑寒梅》《游龙戏凤》《梅开二度》《三田和合》《飞剑伏狐》等板色。

2005年3月18日至22日，首届广州民俗文化艺术节暨黄埔“波罗诞”千年庙会活动在南海神庙举行。沙湾飘色首次亮相南海神庙，让市民大开眼界。本次民俗活动，除了沙湾飘色之外，还有沙坑狮会、沙涌鳌鱼舞、黄阁麒麟舞、荔湾龙舟说唱、鸡公榄、新塘舞春牛等民俗表演，这也给沙湾飘色艺人提供了和来自广东各地的民间艺人切磋表演经验、探讨艺术创新手法的大好机会。

2005年12月18日，沙湾飘色前往中山参加了广东省首届飘色艺术表演大赛，同期举行的还有中国国际食品经贸洽谈会（中山黄圃）及黄圃飘色文化节。在本次大赛中，沙湾飘色重拳出击，派出了“2005年最受欢迎的十板飘色”中的《独占鳌头》《哪吒伏魔》《游龙戏凤》《三田和合》等板色参赛，赢得了多个奖项，很好地宣传了沙湾飘色。参加本次大赛的除了沙湾飘色及中山本地的飘色《韩文公遇雪》《三英战吕布》《喜庆千秋》《刘晨采药》《孙真人医龙虎》和《赵云藏阿斗》外，还有来自省内外各地的几十支飘色队伍。其中，来自省内的飘色队伍及其代表作有：番禺化龙的潭山飘色《将相和

睦》和《仙女下凡》，台山斗山的浮石飘色《赵子龙救阿斗》和《穆桂英挂帅》，湛江的吴川飘色《盗灵芝》《时迁偷鸡》《康熙王朝》《游湖借伞》《六国封相》《广东音乐》和《奥运健儿》，湛江的遂溪飘色《聚宝树》《天官赐福》，云浮郁南的连滩镇飘色《农家乐》和《三调芭蕉扇》，茂名信宜的镇隆飘色《普天同庆》《蟠桃仙景》和《凤凰展翅》，韶关的翁源飘色《蔗甜人欢》和《仙女散花》。来自省外的飘色队伍及其代表作有：陕西宝鸡的抬阁《劈山救母》和《白蛇传》，内蒙古土默特左旗的脑阁《吉祥草原》，甘肃永登的铁芯子《三盗芭蕉扇》和《卖水》，江西吉安渼陂的彩擎《西游记》和《三状元》，福建长乐琴江的抬阁《荷花仙子》，广西南宁宾阳的飘色（彩架）《巨龙腾飞》和《刘三姐》，云南玉溪通海的高台《杞湖欢歌》，青海湟中拦隆口的抬阁《三江源》和《西王母》，湖南邵阳五峰铺的扎台戏《西游记》和《白蛇传》，河南安阳曲沟的抬阁《李三娘推磨》和《真假猴王》，四川江油青林口的高台戏《白蛇传》和《穆柯寨》，浙江浦江迎会《许仙借伞》和《八仙赴盛会》，山东章丘的抬阁《王小赶脚》和《三打白骨精》等。这是一次飘色盛会，是各地飘色交流的大好时机，让人们见识了各地飘色的不同特色。

2006年3月8日至12日，沙湾飘色参加第二届广州民俗文化艺术节暨黄埔“波罗诞”千年庙会活动。在本次民俗表演活动中，除了沙湾飘色，还有舞狮、舞龙、舞鲤鱼、舞牛和舞马等，更有重新编排的龙舟说唱、鸡公榄等风格各异的民俗表演。沙湾飘色队表演了《独占鳌头》《古镇琴音》《仙女散花》《云龙戏水》《韵绕青萝》《赵云救主》等板色，在本次民俗文化大巡游中最富吸引力，引得瑞典驻穗总领事司马武好奇地和每个台面顶端扮“飘”的小孩儿交流。

2006年9月29日，由中共广州市委宣传部、市文化局、市文联，番禺区委、区政府主办的首届广州市农村文化欢乐节开幕式在石碁广场举行。这次欢乐节内容有广州市农村文化建设成果展、中国首届民间飘色艺术表演、“广州市农村民间艺术家”评选活动、“粤韵唱响新农村”私伙局大赛等10项内容。沙湾飘色参加了表演。

2006年10月1日至5日（国庆节、中秋节期间）先后参加在番禺宝墨园举办的番禺水色表演及在番禺广场举办的中国首届民间飘色（抬阁）艺术展演。在宝墨园表演了《独占鳌头》《月满良宵》《三田和合》《神雕侠侣》《古镇琴音》《仙女散花》《净洒人间》等飘色，中国首届民间飘色（抬阁）艺术展演（来自广东、浙江、江西等16个省、市、自治区的28支队伍参加了本次的艺术展演活动）上共展出了《双仙赴会》《天降麟儿》《仙女散花》《游龙戏凤》《游龙戏水》《鱼仙得道》《雨打芭蕉》《月满良宵》《云龙戏水》《韵绕青萝》《昭君出塞》《赵云救主》《珍珠彩塔》《奥运之光》《冰剑寒梅》《嫦娥奔月》《独占鳌头》《飞剑伏狐》《桂英招亲》《净洒人间》《哪吒伏魔》《千里传书》《赛龙夺锦》《三取珠旗》《三田和合》《三仙大会》和《神雕侠侣》等27板沙湾飘色，可谓规模宏大。

2007年3月27日至31日（农历二月初九至十三）参加第三届广州民俗文化节暨黄埔“波罗诞”千年庙会。本次艺术节的另一特色是加入了国际文化元素，因此，沙湾飘色不仅与来自岭南各地的民俗文化艺术交流，还得以领略和学习俄罗斯、西班牙以及肯尼亚等国的民俗艺术。

以上摘录的是《番禺改革开放30年大事记》和《沙湾卅年大事记》对改革开放30年中沙湾飘色应邀赴各地表演情况的记录。2008年以后，沙湾飘色还多次应邀到各地表演。

2009年3月7日至13日（农历二月十一至十七），第五届广州民俗文化艺术节暨黄埔“波罗诞”千年庙会活动，沙湾飘色作为岭南民俗文化的代表在开幕式上表演。

2010年3月26日至4月1日（农历二月十一至十七）第六届广州民俗文化节暨黄埔“波罗诞”千年庙会在南海神庙举行，沙湾飘色再次参演。

2010年4月16日（农历三月初三“北帝诞”），沙湾飘色首次参加广东佛山祖庙“北帝诞”庙会，颇受人们关注。

2010年4月19日（农历三月初六“北帝诞”期间），沙湾飘色应邀到广州泮塘仁威庙参加“三月三”泮塘仁威庙会，表演了《三取珠旗》《游龙戏凤》《拦江截斗》《双仙赴会》《神雕侠侣》《冰剑寒梅》等板色。

2011年2月17日至23日（农历正月十五至二十一），沙湾飘色应邀参加了广州城隍庙的广府庙会，表演了多板飘色。

2011年4月3日（农历三月初三“北帝诞”），沙湾飘色再次应邀到广州泮塘仁威庙参加“三月三”泮塘仁威庙会，表演了《三取珠旗》《游龙戏凤》《拦江截斗》《双仙赴会》《神雕侠侣》《冰剑寒梅》等板色。

2011年4月5日（农历三月初三，“北帝诞”、清明节期间），沙湾飘色再次应邀参加了2011佛山祖庙“三月三北帝诞”庙会的“北帝诞”巡游、民俗文化展演。巡游阵容包括北帝行宫、八宝仪仗、众仙贺诞、川剧吐火、江西傩舞、粤剧、鸡公榄、八音锣鼓柜、沙湾飘色、佛山醒狮等。沙湾飘色表演了《柳毅传书》《直上云梯》《珍珠宝塔》《神雕侠侣》《韵绕青萝》《桂英招亲》等6板飘色。

2. “请进来”：沙湾飘色邀请各地飘色到沙湾会演交流的情况

2008年10月11日至12日，第七届中国民间艺术节暨“山花奖”中国民间飘色（抬阁）艺术展演与评奖活动在沙湾镇隆重举行，来自广东、甘肃、青海、湖南、广西、河南、福建、贵州、浙江、陕西、安徽等23个省区26板飘色（抬阁）参加了比赛和表演。参加中国民间文化遗产抢救与保护论坛的专家学者、港澳台同胞、外国友人等和番禺区、沙湾镇群众100多万人次参加了艺术节各项活动。

在本次展演中，各种形态迥异的造型技艺巧夺天工，气势磅礴，不仅有传统飘色，还有融入了现代高科技元素的现代飘色。其中最典型的是由沙湾镇文化体育服务中心飘色队演出的《赛龙夺锦》，利用高科技元素营造出龙舟竞渡的阵势，巧妙地融合了沙湾镇龙舟竞渡的民俗和广东音乐名曲《赛龙夺锦》。

除了沙湾飘色《赛龙夺锦》外，本次展演还展出了南村镇文联创作的《一举夺冠》，云浮市郁南县连滩镇民间艺术飘色队的《农家乐》，贵州省安顺市西秀区大西桥镇吉昌村抬阁队的《屯堡抬汪公》，广西壮族自治区靖西飘色代表队的《瓦氏出征》，陕西省西安市未央民间艺术团的《中国民间芯子》，辽宁省朝阳市龙城区背阁表演队的《龙城秧歌》，江西省婺源县甲路民间台阁表演队的《水漫金山》，山西省清徐县徐沟背铁棍民间艺术表演团的《杨门女将》，内蒙古自治区呼和浩特市土默特左旗民间艺术团的《吉祥土默川》，四川省宜宾市兴文县大坝苗族乡老体协演出的《阿三妹出征》，福建省厦门市海沧区文化馆的《厦门抬阁》，福建省厦门市海沧区文化馆的《厦门抬阁》，河南省安阳市的飘色作品《妇好出征》，浙江省宁波市鄞州区咸祥镇抬阁队表演的《蝶恋梁祝》等，都具有很强的观赏性、艺术性和民俗价值。

其中，比较有特色的飘色有《一举夺冠》《吉祥土默川》《阿三妹出征》《厦门抬阁》《妇好出征》《蝶恋梁祝》等。《一举夺冠》将奥运健儿陈燮霞的形象与水立方、福娃、“中国印”和奥运五环等奥运元素融进了飘色；《吉祥土默川》表现少数民族人物形象；《阿三妹出征》将四川民俗绝技变脸和吐火表演与飘色相结合；《厦门抬阁》将掌中木偶、提线木偶融入飘色表演；《妇好出征》将河南司母戊大方鼎与抬阁巧妙地融为一体；《蝶恋梁祝》中有从色柜中飞出蝴蝶的精彩表演。

中国民间文艺山花奖·民间表演艺术奖评奖活动已举办七届。民间表演艺术奖中的“民俗礼仪奖”评奖活动属首次在广东举办；“山花奖”中国民间飘色艺术展演与评奖活动已是第二届。这是国家级大型艺术节和评奖活动首次在乡镇举行，由此可见沙湾飘色在全国飘色中的地位与影响。

这次活动规模宏大，国内各大媒体争相报道。新华社、中新社分别刊发了艺术节通稿和特稿，中央电视台新闻联播节目当晚发了消息，中央电视台综艺快报节目于10月12日对艺术节作了专题报道，广东电视台对艺术节进行了录播。中国艺术报、南方日报、广州日报、羊城晚报以及江西、湖南、福建、贵州等地的报刊都用专门版面报道了艺术节盛况。沙湾飘色因此享誉大江南北。

3. 其他宣传与交流方式

除了以“飘出去”和“请进来”的方式宣传沙湾飘色外，近年来，番禺区和沙湾镇政府及相关部门、学校还积极探寻各种渠道宣传沙湾飘色。

番禺区文化馆收集了历年飘色的图文资料，建立了专门的艺术档案，把沙湾飘色艺术写进《番禺县文化志》中。

沙湾镇于2004年在广州图书馆沙湾分馆内建成全国共享信息工程，充分利用共享工程网络资源内容新颖、实用性强、信息量大、数据传输快捷方便的优势，将沙湾飘色、广东音乐、兰花、砖雕、龙狮等民间艺术纳入共享工程服务内容，为群众提供更丰富的共享信息资源。

沙湾镇政府和文化站专门组织编印《沙湾飘色简介》，录制专题录像带和 VCD 等音像资料。

沙湾镇象贤中学的赖香老师指导学生开展了“沙湾文化遗产的探寻与推广”课题研究，2011 年 7 月 14 日至 20 日学生们进行了古镇沙湾导游活动，其中就包括对沙湾飘色的探寻与宣传。另外，他们还专门开通了一个微博——“沙湾古迹寻踪队”，利用微博宣传包括沙湾飘色在内的沙湾本土文化遗产。

所有这些文字、图片、音像的记载和传扬，将使沙湾飘色流存后世，远播海内外。特别是年青一代通过实地探寻，激发了他们对家乡的飘色等非物质文化遗产的热爱与关注。

（二）沙湾飘色宣传与交流的成效

综上可见，沙湾飘色非常重视自身的宣传与对外交流。这种“飘出去”与“请进来”的宣传与交流活动，意义重大，效果显著：

第一，达到了宣传的目的，扩大了沙湾飘色的影响。频繁的对外宣传与交流，让各地的百姓亲眼看到了闻名已久的沙湾飘色，感受到了沙湾飘色的魅力。

第二，使沙湾飘色艺人见识了各地不同类型飘色的特色与优势，给他们的飘色创作带来了启发。

先以 2005 年 12 月 18 日在中山举行的广东省首届飘色艺术表演大赛为例。在本次大赛中，沙湾飘色艺人见识了各地不同类型飘色的特色与优势，如率先进行改革，采用手推车代替色柜作为展台表演的潭山飘色（这一改革既减轻了人力消耗，又可以增加展台的承重能力，便于选择年纪较大的小孩扮“色”，从而更好地展现其所扮演的人物，增强飘色的可观性）。又如，造型独特、气势磅礴，将传统飘色的“一屏一飘”发展到“一屏八飘”的吴川飘色（如《六国封相》）和镇隆飘色（如《欢乐神州》《普天同庆》《大展宏图》等）。再如，可原地作 360 度旋转的镇隆飘色（如《大展宏图》）、浙江的浦江迎会（如《许仙借伞》《八仙赴盛会》等）和山东章丘的抬阁（如双转芯子《王小赶脚》）。再如，以用身体的不同部位来支撑扮“色”演员而命名的稀奇古怪的飘色（如内蒙古土默特左旗的“脑阁”、安徽寿县正阳关的“肘阁”、河北武安的“背阁”等）。特别是将“变脸”“吐火”等当地特有的民间艺术绝活用于飘色表演的四川江油青林口的高台戏，更是让人感到匪夷所思、惊险奇幻。各地飘色给沙湾飘色的创作带来了灵感，沙湾飘色于2008年10月12日在于沙湾镇隆重举行的第七届中国民间艺术节暨“山花奖”中国民间飘色（抬阁）艺术展演上展出的大型飘色《赛龙夺锦》，用电瓶车代替了传统的色柜；将传统的“一屏一飘”突破为“多屏多飘”，在两艘龙舟上设计了22个龙舟赛手和11个广东音乐家；并且使龙舟随着广东音乐《赛龙夺锦》的节奏上下起伏……从这些都不难看出沙湾飘色对各地飘色创举的吸收与借鉴。

再以2008年10月11日至12日在沙湾镇隆重举行的第七届中国民间艺术节暨“山花奖”中国民间飘色（抬阁）艺术展演与评奖活动为例。在本次活动中，沙湾飘色艺人们再次领略了飘色艺术与“变脸”和“吐火”绝技的巧妙结合（四川省兴文县大坝苗族乡老体协演出的《阿三妹出征》），此外，艺人们还见识到了一些更为奇特的飘色表演，如福建省厦门市海沧区文化馆的《厦门抬阁》。表演时，由人力肩扛或装轮推动，由23名儿童扮成各种戏曲人物在棚上表演掌中木偶或提线木偶，场面十分壮观；浙江省宁波市鄞州区咸祥镇抬阁队表演的《蝶恋梁祝》，当表演化蝶时，忽然从色柜中飞出许多只色彩斑斓的蝴蝶，绕场飞舞，如梦如幻；而镇隆飘色《大展宏图》除在2005年展演的基础上继续作360度旋转外，还将原来的“一屏八飘”发展到“一屏二十八飘”，让人叹为观止。

镇隆飘色《普天同庆》

第三，增进了沙湾飘色艺人与各地以飘色艺人为主的民间艺人的联系，给各地飘色艺人的交流与合作创造了机会。例如，2008年在第七届中国民间艺术节暨“山花奖”中国民间飘色（抬阁）艺术展演上展演的《赛龙夺锦》飘色，就是沙湾与吴川等地的众多飘色艺人共同努力，花了半年多时间进行技术革新才创制成功的。

总之，沙湾政府和飘色艺人善于把握各种机会进行宣传与交流，才使得沙湾飘色不断改进，更上层楼，再创辉煌。

十四、“飘”向何方

——沙湾飘色的时机与危机

抗日战争爆发后直到改革开放前的一段时期，沙湾飘色曾经遭受各种阻碍，发展陷入停滞期。改革开放以后，特别是跨入新世纪以来，在非物质文化遗产越来越受到国内、国际社会重视的大环境下，在从国家到地方政府政策、资金的扶持下，沙湾飘色得以重生，出色规模一次比一次大，气势一次比一次磅礴，重现了“沙湾出色，万人空巷”的繁荣景象。但繁荣的背后，也有很多问题逐渐暴露出来，让人担忧。沙湾飘色在遇到前所未有的大好时机的同时，也面临着前所未有的生存危机。

（一）沙湾飘色的机遇

沙湾飘色的恢复与发展得益于国际社会对非物质文化遗产的重视以及国家和地方政府在政策与资金方面的支持（关于沙湾镇政府对沙湾飘色的支持，在第十一部分“沙湾飘色的传承与保护”中已有介绍，此不赘述）。

1. 国际社会对非物质文化遗产的重视

1989 年 10 月 17 日至 11 月 16 日，联合国教育、科学及文化组织（以下简称“联合国教科文组织”）第二十五届会议通过《保护民间创作建议案》，建议世界各国尽快采取行动，保存、保护并传播民间创作（包括语言、文学、音乐、舞蹈、游戏、神话、礼仪、习惯、手工业、建筑术及其他艺术）这一全人类的共同遗产。此后，联合国教科文组织宣布了《人类口述与非物质遗产代表作条例》，旨在奖励口头和非物质遗产的优秀代表作品。代表作的范围包括：口头传统和作为

文化载体的语言；传统表演艺术（含戏曲、音乐、舞蹈、曲艺、杂技等）；民俗活动、礼仪、节庆；有关自然界和宇宙的民间传统知识和实践；传统手工艺技能；与上述表现形式相关的文化项目。

2003 年 9 月 29 日至 10 月 17 日，联合国教科文组织在巴黎举行的第 32 届会议上通过了《保护非物质文化遗产公约》，明确了保护非物质文化遗产的宗旨，界定了非物质文化遗产的概念，强调了非物质文化遗产的重要性，认为“非物质文化遗产是密切人与人之间的关系以及他们之间进行交流和了解的要素，作用是不可估量的”。

联合国教科文组织分别于 2001 年、2003 年、2005 年、2009 年制定了四批世界非物质遗产名录，到目前为止，我国共有 28 项非物质文化遗产被列入此名录。

正是在联合国教科文组织对非物质文化遗产的重视与引导下，2004 年 8 月，我国加入了“保护非物质文化遗产公约”组织。

2. 国家政策的支持

改革开放以来，我国非常重视民间文化艺术的保护与传承，建立了国家、省、市、区（县）四级保护体系，健全了各级非物质文化遗产名录及非物质文化遗产传承人的申报与审批制度，进行了“中国民间文化艺术之乡”的命名评选，给各级各类非物质文化遗产提供了保护。此外，还创办了中国民间艺术节、中国民间文艺“山花奖”，给各种民间文艺提供了表演的舞台，创造了宣传和交流的机会。

（1）《国家级非物质文化遗产名录》的申报与审批。

为贯彻落实党的十六大有关扶持对重要文化遗产和优秀民间艺术的保护工作的精神，履行我国加入“保护非物质文化遗产公约”组织的义务，国务院办公厅于 2005 年 3 月 26 日颁发了《关于加强我国非物质文化遗产保护工作的意见》（国办发〔2005〕18 号），就进一步加强我国非物质文化遗产保护工作提出了若干具体意见，指出了保护文化遗产的重要性和紧迫性，制定了国家、省、市、区（县）四级保护体系，提出了“保护为主、抢救第一、合理利用、传承发展”的基本方针。

为了进一步加强对我国文化遗产的保护，继承和弘扬中华民族的优秀传统文化，推动社会主义先进文化的建设，国务院又于同年 12 月 22 日发布了《关于加强文化遗产保护的通知》（国发〔2005〕42 号），宣布从2006年起，每年6月的第二个星期六为我国的“文化遗产日”。

2006年6月，国务院公布了我国第一批国家级非物质文化遗产名录共518项，此后，国务院又先后于2008年6月和2011年6月公布了第二批和第三批国家级非物质文化遗产名录各510项和191项。到目前为止，我国公布了三批共1 219项国家级非物质文化遗产名录。

各省、市、区（县）也同时进行各级非物质文化遗产名录的申报与审批。沙湾飘色已先后于2006年和2007年分别被列入广东省第一批“省级非物质文化遗产代表作名录”和广州市第一批“市级非物质文化遗产代表作名录”。

（2）《国家级非物质文化遗产项目代表性传承人名单》的申报与审批。

为了有效保护和传承国家级非物质文化遗产，鼓励和支持国家级非物质文化遗产项目代表性传承人开展研习活动，经各地推荐和申报，专家评审委员会评审、社会公示和复审，文化部于2007年公布了第一批民间文学、杂技与竞技、民间美术、传统手工技艺、传统医药等五大类的226名国家级非物质文化遗产项目代表性传承人名单；于2008年公布了第二批民间音乐、民间舞蹈、传统戏剧、曲艺、民俗等五大类的551名国家级非物质文化遗产项目代表性传承人名单；于2009年公布了711名国家级非物质文化遗产项目代表性传承人名单。目前我国共有国家级非物质文化遗产项目代表性传承人1 488名。

各省、市、区（县）也同时进行各级非物质文化遗产项目代表性传承人的申报与审批。沙湾飘色艺人黎汉明于2009年被列入广州市第二批“市级非物质文化遗产项目代表性传承人名单”。

国家和各级地方政府对传承人给予生活补贴以帮助他们解决生活困难，解除他们的后顾之忧，以便其更好地开展传统技艺的传承活动。

（3）“中国民间文化艺术之乡”命名评选。

为了弘扬民间文化艺术、促进其繁荣和发展，文化部还在全国开展了“中国民间文化艺术之乡”命名评选。沙湾镇荣获“广东音乐之乡”和“飘色之乡”之称。纵览“中国民间文化艺术之乡”的名单，能够同时获两项殊荣的乡镇并不多见。

（4）中国民间艺术节的举办。

自2002年举办第一届以来，中国民间艺术节已经成功举办了

八届。

2008年10月11日至13日，沙湾镇承办的第七届中国民间艺术节暨“山花奖”中国民间飘色艺术展演与评奖活动在沙湾举行，参赛飘色《赛龙夺锦》《古镇神韵》均获金奖及“山花奖”优秀入围作品奖。

（5）中国民间文艺“山花奖”的设立。

中国民间文艺“山花奖”（以下简称“山花奖”）是经中宣部批准，由中国文学艺术界联合会和中国民间文艺家协会联合主办的国家级综合性民间文艺奖最高奖项，与电影“百花奖”、电视“金鹰奖”、戏曲“梅花奖”、舞蹈“荷花奖”等同属我国文艺界的最高奖项。1999年举办第一届，到目前为止已举办了10届。

2006年10月5日上午，第八届中国民间文艺“山花奖”·中国首届民间飘色（抬阁）艺术展演在番禺广场举行。沙湾飘色和来自广东、浙江、江西等16个省、市、自治区的共28支队伍参加了本次的艺术展演活动。

2010年10月31日，第九届中国民间文艺“山花奖”颁奖典礼在浙江省宁波市鄞州体育馆隆重举行。沙湾飘色《赛龙夺锦》获得“山花奖”中的“民间艺术表演奖”。

正是因为国际、国内对非物质文化遗产的高度重视，沙湾飘色和其他众多民间艺术一样得到了各级政府和民间团体、企事业单位的大力支持，获得了很多宣传、交流和发展的大好机遇。

（二）沙湾飘色的危机

尽管沙湾飘色遇到了前所未有的机遇，但由于社会的发展、观念的变化以及自身的特殊性，沙湾飘色也面临着严峻的生存危机。沙湾飘色的危机主要表现在财力、人力和技术等方面的严重不足。

1. 财力不足

沙湾飘色每次出色，少则几板，多则十几二十多板甚至三五十板，每出一次色都要花很多钱，包括材料、服装、人工费用等，多的时候可能要十万、几十万甚至上百万元。现在，材料和人工费用都在上涨，服装制作费用更高，少则几百，多则成千上万，如一件普通的靠就要2 000元。又如，要想表演出新，势必要进行技术革新，这也需要大量的资金做保障。例如，2008年在第七届中国民间艺术节暨“山花奖”

中国民间飘色（抬阁）艺术展演上表演的《赛龙夺锦》飘色，就是耗资20多万元进行技术革新才创制成功的。因此，沙湾飘色演出耗资大，成本高，如果不依靠政府或企业而单靠艺人或艺术团体的力量，是不现实的。也正因如此，沙湾飘色不可能每天表演，通常每年举行一次，有时甚至隔几年才会有一次大型的飘色表演，这也不利于沙湾飘色的传承与保护。

当然，在经济发达的今天，财力不足还不算是最难以解决的问题，人力资源和技术资源的不足才是沙湾飘色面临的最主要的两大危机。

2. 人力资源不足

沙湾飘色的演出阵容比较强大，通常包括举标牌和旗帜的2人、扮演“屏”和“飘”的演员2至3人、抬色柜的轿夫4至8人、乐队伴奏艺人8人左右，以及其他服务人员3至5人不等，这样算来，每板飘色大概需要20人左右。而沙湾飘色每次出色，少则几板，多则十几二十多板甚至三五十板，这样算下来，单是飘色队伍就需要好几百甚至上千人。如果再加上舞龙、舞狮、舞鳌鱼等各种助兴表演的演员，一次大型的飘色巡游活动的参与人数通常在2 000人左右。现在的农村，年青一代多进城求学、经商、打工等，留守人员以老人、妇女和儿童居多，因此，沙湾飘色人力资源不足的问题显得尤为严重。人力资源的不足，最突出的就是扮“色”演员难寻与抬色柜人员老龄化的问题。

（1）扮“色”演员难寻。

前文已述，旧时沙湾古镇人丁兴旺，且富人很多，每次出色都有很多家庭出于图吉利或炫富等原因竞相让自家小孩扮“色”，因而，扮“色”演员的挑选在过去是根本不存在问题的。但是如今，情形发生了很大变化。我国实行计划生育政策后，一般家庭都是独生子女，小孩成了父母的心肝宝贝，大多数家庭都不放心自家小孩被绑在几米高的空中表演，怕有什么闪失；或者出于心疼自家小孩，不忍

《赛龙夺锦》中大哭不止的“勇士”

心让小孩被束缚几个小时，在空中忍受风吹日晒雨淋。因此，扮“色”演员相比过去比较难找。虽然最终都会找到小孩扮“色”，但因为可供挑选的对象不多，且参选小孩大多娇生惯养，难以挑选和培训出真正适合高空表演的“高素质”的演员。因而，每次飘色表演都要给小孩准备零食、玩具等以防小孩因饥饿或无聊而哭闹。在飘色表演过程中，小孩因饥饿或无聊而哭闹的情形也确实时有发生。扮“色”小孩玩玩具、吃零食、打瞌睡、哭闹等表现与其所扮演的“皇帝”“状元”“将军”或“勇士”的身份格格不入，与飘色的主题与气氛完全不同，虽然观众大多不以为意反觉好玩，但飘色的演出效果终究因此大打折扣。

（2）抬色柜人员老龄化。

传统的色柜是一个木制的长方体，柜身长 153 厘米、宽 77 厘米、高 64 厘米，承载着全色的所有重量，装扮好的一整板色重约 125 千克到 150 千克，需要 4 个大汉杠抬，另需 2 人轮流替换。每次大型出色，光是抬色柜的就需 200 多人。抬色柜的人不仅要有力气，还需懂得技巧，步伐一致，才能更好表现“飘”的效果。但是如今村中人口年龄日益老化，加上年轻人大多进城发展，因而就连抬色柜这种重体力活也大都靠中老年男性甚至妇女来承担。

《游龙戏凤》飘色中略显疲惫的抬色柜老者

《飞剑伏狐》飘色中两鬓斑白的抬色柜妇女

也许正因为抬色柜人员难以满足需要，现在的色柜下面都装上了轮子，大多数时候是推色柜而不是抬色柜。虽然这样大大减轻了抬色柜人员的负担，但是推的飘色看上去比较平稳，缺少上下起伏、左右摇曳、飘飘荡荡的美感，与杠抬飘色的效果是不能相比的。

3. 技术资源不足

在沙湾飘色的制作与表演中，技术含量比较高的地方主要有唢呐的演奏、演员服装和标牌的刺绣以及艺术色梗的制作等。这些本是沙湾飘色最拿手、最出彩、最吸引观众的地方，但由于过去飘色艺人观念落后，对飘色相关技艺传男不传女、传内不传外，再加上现在的年轻人观念改变，兴趣转移，无人肯学飘色技艺，因而导致目前飘色艺人老化、飘色技艺的传承出现青黄不接的状况。技术资源不足已成为沙湾飘色发展的瓶颈。

（1）会吹唢呐的艺人越来越少。

沙湾飘色在巡游表演时，往往两到三板飘色就要配上一支八音锣鼓伴奏乐队，吹着《步步高》《娱乐升平》等广东音乐，彰显热闹喜庆的气氛。而八音锣鼓乐队中，最重要的就是吹唢呐的人。过去，唢呐艺人的演奏本领十分高强，吹奏方式变化多端。有些老艺人可以用鼻孔同时吹两个唢呐，有的老艺人甚至能用牙齿咬着唢呐或张开嘴唇吹唢呐等，然而现在，沙湾本地已很少有人懂得吹唢呐了，即使会吹，也吹不出老艺人那么多曲目了。特别是在表演唢呐技艺以及用唢呐模仿粤剧生旦唱腔方面的技艺大多已经消失了，一些年轻人即使会吹唢呐，也只能吹奏一些流行歌曲。虽然这样颇能调节气氛，讨年轻观众的喜爱，但毕竟少了一些粤韵，多了几分遗憾。

（2）从事广绣的艺人大大减少。

广绣戏服本是沙湾飘色的一大看点，但是现在，由于从事广绣的艺人减少，手工刺绣的成本高昂。新制作的沙湾飘色中的演员服装与标牌制作虽仍采用广绣，但已多是机绣。虽然这样降低了沙湾飘色演员服装与标牌制作的成本，但刺绣的质量与可观赏性也随之降低了。

（3）色梗的制作技术濒临失传。

抬色柜可以改成推色柜，或者外聘抬色柜的人，乐队伴奏者可以培养，人工广绣也可以用机绣代替，而色梗制作的技术却需口传身授，代代相传。色梗制作技术是沙湾飘色的核心技术，是不可能被代替的。

目前，沙湾虽然还有20多位能够制作飘色的老师傅，但他们都有一定的年纪了，而年轻的又没跟上，沙湾飘色技艺传承已经面临青黄不接的局面。

造成这种局面的原因有两个。一是与老一辈的飘色艺人保守的思想观念有关。飘色最关键最核心的技艺——色梗的制作技艺因此只掌握在少数几个核心人物手上，他们往往对色梗制作技艺高度保密。过去，沙湾飘色艺人有一个惯例，只传自己人，不传外人。即使有人愿意学，师傅却不一定愿意教。即使教，也是口传心授，没有文字记录。这种保守、狭隘的思想势必影响沙湾飘色的传承。二是与新一代的年轻人有关。随着新兴文化的冲击，年轻人的娱乐习惯和思想观念发生改变，传统的沙湾飘色已不能满足他们的娱乐需求。加上沙湾飘色通常在特定的时间和场所展演，而且一年才做一次，投入大，回报少，甚至入不敷出，因此对于年轻人来说，显然无法吸引他们的兴趣。一些飘色老艺人认识到了传承飘色技艺的重要性和紧迫性，开始转变观念，愿意带徒弟传授飘色技艺，但却没有多少年轻人愿意学。有的徒弟学了几天便热情减退，半途而废。沙湾东村的飘色艺人黎汉明近年来一直很想教年轻人学做飘色，可多年下来，真正坚持下来的徒弟就只有他儿子一个人。这样的尴尬局面不只是沙湾飘色才有，类似的例子不胜枚举。例如，目前黄圃仅有的一位色梗制作者王文，年过半百的他虽然有心传承技艺却苦于找不到徒弟，只好赋闲在家。

综上可见，财力、人力和技术资源的不足已不仅仅是沙湾飘色面临的危机，而是各地飘色和所有民间传统技艺共同面临的危机。

但愿沙湾飘色的危机能引起相关部门和广大民众的关注，但愿沙湾的天空能够永远飘荡着鲜艳的飘色！

参考文献

1. 王维娜. 空中大舞台（广东飘色）. 哈尔滨：黑龙江人民出版社，2007

2. 东美红. 文化沙湾. 北京：中国建筑工业出版社，2009

3. 番禺地方志办公室. 番禺县志

4. 吴川市地方志办公室. 吴川县志. 北京：中华书局

5. 龚伯洪. 粤剧. 广州：广东人民出版社，2004

6. 黎田，谢伟国. 粤曲. 广州：广东人民出版社，2008

7. 黎田，黄家齐. 粤乐. 广州：广东人民出版社，2003

8. 黎田. 粤乐. 广州：广东人民出版社，2005

9. 陈勇新. 南音. 广州：广东人民出版社，2009

10. 陈荆鸿. 岭南艺林散叶. 广州：广东人民出版社，2009

11. 李权时，李明华，韩强. 岭南文化（修订本）. 广州：广东人民出版社，2010

12. 李计筹. 粤剧与广府民俗. 广州：羊城晚报出版社，2008

13. 中山市非物质文化遗产. 珠海：珠海出版社，2009

14. 广东省非物质文化遗产图典（一）. 广州：世界图书出版公司，2010

15. 何汝根，而已. 沙湾何族留耕堂经营管理概况. 广州文史网

16. 青萝风. 富户·名人·车陂街. 沙湾镇网站

17. 青萝风. “雅俗共赏”的安宁西街. 沙湾镇网站

18. 梁静雅. 沙湾国宝传奇. 沙湾镇网站

19. 广东音乐先驱何博众. 广州文史网

20. 梁谋. 广东音乐大师何柳堂. 广州文史网

21. 广东音乐名家何少霞. 广州文史网

22. 广东音乐名家何与年. 广州文史网

23. 沙湾飘色：传承三百多年的广东民间艺术奇葩. 福客网

24. 番禺改革开放 30 年大事记. 番禺党史网

25. 沙湾卅年大事记. 番禺日报

26. 国务院办公厅. 关于加强我国非物质文化遗产保护工作的意见（国办发〔2005〕18 号）. 中国政府网

27. 国务院. 关于加强文化遗产保护的通知（国发〔2005〕42 号）. 中国政府网

后　记

作为新广州人，当我们第一次看见沙湾飘色时，便被其色仔（扮色演员）艳丽的服装、姣美的容貌与飘逸的造型迷住了，特别是当看到各种造型精美的艺术色梗及色梗上魔幻般的表演时，更觉得沙湾飘色充满了神秘感，并对这一传统艺术产生了探究之心。因此，当接到暨南大学出版社编写《沙湾飘色》一书的邀请时，我们欣然接受，想为沙湾飘色的宣传尽一点绵薄之力。

在书稿编写过程中，我们曾到广州城隍庙和佛山祖庙观看沙湾飘色巡游，现场领略沙湾飘色的艺术魅力，也为书稿的编写寻找灵感。在书稿完成之后，我们又去番禺宝墨园观看了番禺水色表演，到沙湾留耕堂、玉虚宫和三稔厅等地参观沙湾古建筑，实地感受沙湾古镇的文化气息，并为书稿补拍照片。

本书的编写得到了有关单位和个人的帮助。沙湾镇文化站、沙湾镇政府、广州市非物质文化遗产保护中心为我们提供了从20世纪90年代以来沙湾飘色几次大型巡游活动的照片和视频资料，这为我们仔细、反复地研究沙湾飘色的结构、内容、艺术特色与宣传交流等信息提供了很大帮助，我们从中发现了有关沙湾飘色的诸多细节，也给本书的编写带来了很多启发。王维娜博士的《空中大舞台》一书为本书的编写提供了参考和借鉴。暨南大学出版社的史小军总编辑以及潘雅琴、黄倩、李素娟等编辑为本书的出版付出了辛勤的劳动。在此一并致谢！

由于学识有限，加之编写时间仓促，错漏在所难免，还望读者不吝赐教，以便我们日后修改完善。

作　者

2011年9月